A

Menna Elfyn was born in 1951, and lives in Carmarthen. She was described by the critic Anthony Conran as 'the first Welsh language poet in 1,500 years to have her poetry known outside Wales'. She is also a dramatist, biographer and editor, including, with John Rowlands, the *Bloodaxe Book of Welsh Verse* (2003). She features in *The Adulterer's Tongue: Six Welsh Poets*. Elfyn is a Fellow of the Royal Society of Literature. She was once forced to speak in English to her parents when they visited her in prison whilst campaigning for Welsh language rights.

Llŷr Gwyn was born in Caernarfon, in 1987, and educated there and later Cardiff and Oxford. Winner of the National Eisteddfod Chair in 2022. He writes for *O'r Pedwar Gwynt* and has travelled extensively, often with Literature Across Frontiers, which selected him in 2017 as one of their Ten New Voices from Europe. Amongst his books are *Storm ar wyneb yr haul* (2014), *rhwng dwy lein drên* (2020) and *Holl Lawenydd Gwyllt* (Barddas, 2025.) He lives with his family in Rhuthun.

Iwan Llwyd was born in 1957, and died in 2008. He won the National Eisteddfod Crown in 1990 and Welsh language Book of the Year 1997, reaching the longlist for the prize in 2004 and 2008. His volume *Eldorado* with poet Twm Morys, about travelling in South America, was published by Carreg Gwalch (1999). He performed his poetry in Wales and abroad, including visits to Saskatchewan and twice to Brazil with the magazine *Poetry Wales*. He featured in *The Adulterer's Tongue: Six Welsh Poets* (Carcanet, 2003), as well as in the sumptuous *Rhyw Deid yn Dod Miwn* (Gomer, 2008), with photographs by Aled Rhys Hughes, celebrating the Welsh coastline. Gwasg Taf has published several of his collections, including *Hanner Cant* (2007), and Twm Morys has compiled a study of his work, *Awen Iwan* (Barddas, 2014).

Siân Northey is originally from Trawsfynydd, and now lives in Penrhyndeudraeth. She is a full-time writer and a part-time carer. Almost all her work is written and published in Cymraeg/Welsh. In 2018, she toured India with Literature Across Frontiers. She is the author of three novels, including *Yn y Tŷ Hwn*, recently translated into English as *This House*, one poetry collection, three short story collections and several books for children and novels for young adults. She is also a translator and a co-editor of bilingual anthologies such as *Afonydd: Poems for Welsh Rivers/Cerddi Afonydd Cymru*, Arachne Press (2025).

Karen Owen was born in Bangor in 1974, and brought up in Dyffryn Nantlle, Gwynedd, where she still lives. She is a mathematician (one of her poetry collections is titled *Math*), journalist and television producer. Her other significant collections are *Yn fy Lle* and *Siarad trwy 'i Het: Cerddi a Ffotograffau*. (Barddas, 2006; 2011). Four translations of her work appear in *Diary of the Last Man* (Carcanet, 2017). Her poem, 'Cân y Milwr', published here, is studied for A level in Wales. Awarded a Winston Churchill 2011 Memorial Scholarship, she travelled to Colombia, India, Ukraine and South Africa to study poetic traditions. Her poetry won Welsh language Book of the Year 2012.

Iestyn Tyne was born in 1997. He co-founded and co-edits Cyhoeddiadau'r Stamp, an independent and co-operative Welsh language publishing house, described by Gwyneth Lewis in 2025 as 'the most important poetry press in Wales'. He is co-editor of *Welsh (Plural), a collection of essays on the future of Wales* (2022), published by Repeater Books. He performs his work extensively, including appearances in South America, Asia, Europe and Africa. In 2024 he was appointed the first Town Poet of Caernarfon, dubbed the capital of Cymraeg-speaking Wales.

ROBERT MINHINNICK

ALCATRAZ

POEMS FROM THE CONTEMPORARY WELSH

CARCANET POETRY

First published in Great Britain in 2025 by
Carcanet
Main Library, The University of Manchester
Oxford Road, Manchester, M13 9PP
www.carcanet.co.uk

A CIP catalogue record for this book is
available from the British Library.

ISBN 978 1 80017 503 7

Book design by Andrew Latimer, Carcanet
Typesetting by LiteBook Prepress Services
Printed in Great Britain by SRP Ltd, Exeter, Devon

FSC
MIX
Paper | Supporting
responsible forestry
www.fsc.org   FSC® C014540

The publisher acknowledges financial
assistance from Arts Council England.

Supported using public funding by
ARTS COUNCIL
ENGLAND

CONTENTS

IWAN LLWYD

KAREN OWEN

SIÂN NORTHEY

Where I come from most people were taught some form of Welsh (Cymraeg) in school but not at home. About ten percent of those who live in my borough, Bridgend, might class themselves as fluent speakers. Of the remainder, some might remember fragments. For others, Welsh is an invisible yet irritating shadow.

In 2021 an estimated 538,000 people in Wales aged three and over (17.8% of the population) said they can speak Welsh, the UK Office for National Statistics found. The Welsh government wishes to create one million Welsh speakers by 2050, doubling the daily use of Cymraeg by 2050. This would be encouraged by *trochi*, or 'immersion' in Cymraeg, exactly as people are immersed in English.

The strategy states: 'We want to better understand how people use the language, to know what influences the decisions they make at key points in their lives, for example when moving from education to the workplace, or when having a child for the first time. We also want to give people opportunities that make it easier for them to use the language in all aspects of life.'

I find this worthy but uninspiring, so I wrote a poem about my mother's family's historical use of Cymraeg, a language never passed on. I had to ask Evelyn, my grandmother, irredeemably working-class, what some words meant. My favourite is the reprimand 'cau dy glap' – *shut up* or *stop gossiping.*

Here is part of Evelyn's story:

Dowlais

Colour of the milkless tea
Evelyn Sophia Margaret McHale
kept under the counter in the Cross Keys,

conjuring the vowels
of the Spanish foundrymen
with the sheep's wool of her Wenhwyseg,

a whole language
snagged on her barbed wire.
Because trilingual, wasn't she?

But however the customers asked,
her fourth answer was always clearest.
What they really wanted were the black quarts

of cwrw hemorrhaging
from the ore, to quench
the burning rain that left eyelets

in their snoods and aprons
the size of pennies, new-minted,
like that iron currency

they sent sliding across the bar –
Victoria's first face, an eager bride,
Victoria's grim old lady face,

worn smooth as glass even I
once curled my finger round,
and one for you my beauty yes one for you.

And she would pour and toast and sip,
mouthing her own molten words,
that Dowlais dialect an incandescent glow.

(G)wenhwyseg – dialect of south-east Wales
cwrw = beer

Despite the twin encouragements of guilt and a strange sense of duty, my Cymraeg has always remained that sheep wool on barbed wire. The sheep have vanished over the mountain. My father was born in Rhymney/Rhymni into a high-achieving middle-class family. But his Welsh was miniscule, based on the word 'didoreth', a word many Cymraeg-speakers outside south-east Wales have never even encountered. Yet he could make it serve as he wished, beyond its actual 'meaning' (colloquially 'feckless' or 'half-soaked' but literally 'without abundance'). And thus, my favourite word in the language, probably because I inherited it.

The completely bilingual Gwyneth Lewis in her memoir, *Nightshade Mother*, writes:

> Welsh language nationalism centres on the metaphor of the endangered mother tongue, which has to be saved at all costs. Metaphorically, therefore, all Welsh speakers are children whose interests are less important than their progenitor.

Laura Wainwright is an English language writer, artist, musician and academic from Newport, south Wales, who has decided to send her sons to primary school to be educated through Cymraeg. She is learning the language along with them, but more slowly. The sons will attend the same type of secondary school, newly built. Their father is English language monoglot. Here she writes about her decision and the concept of Welsh bilingualism:

In his 2003 Carcanet anthology, *The Adulterer's Tongue: Six Welsh Poets*, Robert Minhinnick wrote: 'it is inevitable that until the history and culture of Wales find some place in UK schools, the Welsh language and its poetry will remain at best a rumour, at worst a secret'.

As the child of monoglot English parents who had moved to south Wales in the early 1980s for work, attending primary school in an anglicised area of Newport, the Welsh language, history and culture were a secret kept from me. In my comprehensive school, too, they were little more than a rumour – 'Welsh' being the lesson that my peers disrupted, skipped or dropped.

My year was the last for whom GCSE Welsh was optional, before the subject became compulsory in Wales. Curious – and to my friends, curiously – I chose to study it. But I learned nothing of Welsh literature, in either the Welsh or English language, until I went to university and chose to study Welsh writing in English as part of an English Literature MA. During my undergraduate degree, the 'secret service' had stepped in again, as I was advised by one professor to 'avoid Creative Writing... and anything Welsh'.

I subsequently discovered a thrilling body of Anglophone Welsh literature that was unlike anything I had ever read before. But, more importantly, I learned that its emergence and development could not be understood without an awareness and knowledge of a much older and fascinating history and tradition of Welsh-language literature, particularly poetry.

I knew from this moment that if I ever had children, I would give them the gift of this awareness, the ability to speak, read and write in both Welsh and English – and with this, a sense of connection with the country of their birth that had eluded me for so long.

In 2024, there are four Welsh-medium primary schools in the city of Newport and a secondary school, established in 2016. My children attend Ysgol Gymraeg Ifor Hael – Ifor Hael being the patron of the great fourteenth-century Welsh-language poet, Dafydd ap Gwilym. His court, beloved by the poet, had been situated at Bassaleg (or Basaleg), Newport, where I went to secondary school. I never knew.
[Laura Wainwright's son, Arthur, won the St David's Day Ysgol Ifor Hael eisteddfod in 2025, in his last year, for a poem in ten stanzas, in Welsh.]

Kristian Evans is another south Wales writer, this time from a partly bilingual family, whose Welsh was imperfectly passed on. Here he writes of sending his two sons to Cymraeg schools:

I was born into a Welsh speaking family with deep roots in both rural Carmarthen and in the mining communities of the Rhondda valley. My first years were bilingual, mixing Welsh and English playfully, without thinking, at ease with both.

That changed when I went to school in a predominantly English-speaking area, in Bridgend. There I was teased for my strong Welsh accent by the English-speaking kids, and the teachers would make me speak Welsh in front of the class, to educate the others, but also, I felt, to entertain.

And over the years, in those monolingual English schools and towns, I hid my Welsh away so well I lost it.

A memory stands out. A raucous drunken party one night on the campsite at the National Eisteddfod. I was about fifteen, I suppose, attending with Welsh-speaking friends. A girl approached me beside the roaring bonfire where I was sat alone listening to the revelers, clutching a flagon of cider, feeling like a spy. She offered me a drag of her joint with a smile, whispered to me in Welsh. I couldn't understand her. I replied blushing, clumsily, in broken childish Welsh and her face hardened. "Huh. Sais." And off she went. (*Sais*. English. Anger. Sadness. Defiance. Shame. Pass me the cider.)

I sent my kids to a Welsh medium school because I didn't want them to suffer the complexities of identity I've struggled with, the weird feeling of homelessness, of separation from both languages. But context is everything. And if they speak Welsh at school, and sometimes at home, they speak English everywhere else, and crucially, online. What is Welsh to them? They will work out their own relationship to it. But they are bilingual now, and they have the freedom to choose, and to me that's the most important thing.

In April 2025 the *North Wales Chronicle* stated: 'According to the latest data from the National Centre for Learning Welsh, more than 18,000 individuals are currently learning the Welsh language... a notable 45 per cent rise since the 2017–18 academic year.'

'Yma o hyd,' as Dafydd Iwan sings, meaning 'still here', despite everyone and everything. Even if those eighteen thousand do not understand 'didoreth' or the iron dialect of Dowlais (which I never did) or that in my village all children my age once used *copais* and not 'trouser fly' and *gwrachen* and never 'stone loach' to *twti* – 'crouch down' – when fishing, turning over stones in the Nant Ffornwg, faces inches above the streamwater. Instead, we grasped instinctively that language itself is the slipperiest of fish. And surely remains so.

Robert Minhinnick
Porthcawl, Wales/Cymru
April 2025

MENNA ELFYN

THE LAST OWL, 2013

in memory of my friend Nigel Jenkins

It was an evening drive home
after Tony Conran's funeral
when suddenly, there was an owl's
soft explosion upon our windscreen.
Duende, I might have said,
but didn't see it as a sign or think much about it…
The two of you were ambassadors,
aloft on wings of witness,
but vanishing within the same year…
Such passion extinguished!
Yet now, it chills me.

How many nights did I spend
failing to write my poem of praise?
That flash of feathers between us,
those talons on the screen, some kind of omen.
Nigel, my greatest friend, crushed by grief,
made anxious by the owl's pale cowl upon the glass.

TYLLUAN WEN OLAF, 2013
er cof am fy nghyfaill Nigel Jenkins

Beth ddaeth o'r dylluan wen un hwyrnos,
ei chwcwll yn taro'n betrus ein sgrin wynt,
ninnau ar daith adref o'r gogledd i'r de
wedi hebrwng ein Conran rai oriau yn gynt.
'*Duende*' dywedais heb feddwl lai nag i ni
ill dau fod yno'n gennad a thyst,
i'w hadenydd: angerdd angau ar daen –
ymollwng yr awen i'r nen ar ei hynt.

Eto, yn oerni'r dudew un glew a gloyw oedd
er mor groes graen pob crafanc ar wydr clir,
feddylies i erioed mai arwydd oedd hi,
y deuai ymhen y flwyddyn am dy anadl di.
A sawl noswaith y ceisiais lunio cerdd o fawl?
Pob afrad un yn ffradach, fy nghymrawd mawr –
mor chwithig â'r fflachyn a ddaeth ar ein

                                                 traws.

CROSSING CAPEL Y FFIN WITH A WELCOME

We come at last to an overgrown bank
where the car has to turn
beside a ditch between tall hedges.

At least a three-pointer this lane might allow
where the others overtake, so narrow
these gateways that the last becomes first.

Another turn around, then another,
then headlight flashes from vehicles ahead,
and it's who gives way or how

to beckon on in the scarce passing places,
instructions to *stay put* or *you next*
but wishing one another well,

acknowledgements of welcome,
and 'good luck on your journey'.
One after the other we inch ahead,

as we cross sheep track and meadow
where there are no rules
because our road has no highway code

and there's no need to accelerate.
We have always belonged in these places,
amongst bushes and trees, cradle to ditch

and we all have permission to pass
at our own speed, so wide is the highway
we all must travel, as we arrive at Capel y Ffin

CROESI CAPEL Y FFIN GYDA CHROESO

I ddod o hyd i lôn haelioni rhaid troi
ar hap at ymyl ffordd gul rhwng cloddiau tal –
mynd am- yn- ôl a wnawn gan ganiatau

i eraill oddiweddyd wrth oedi'n sydyn
i gilfan tyn, cans yr olaf a fydd yn flaenaf
yw hi fan hyn. Dro arall, a'r nesa wedyn

bydd fflach golau cerbyd o bell yn mynnu
ildio'n hawdd wrth nodi ei ymostyngiad
i lecyn- pasio- prin a'i arwydd ffrwt, 'hei lwc'

i'ch taith' gan ddatgan 'dewch chi, sefwn
ni' – a'r gwasgu troed fel estyn llaw o groeso:
y naill a'r llall yn deall mai yn gam bwyll bach

wrth lyw sy'n hyfyw o hafau llaes a llon
yw dwyn tystiolaeth am fendith rhwydd
a rhydd ac awydd eraill i anturio 'mlaen

o dow i dow – croesi dôl a ffridd.
Nid oes rheolau'r ffordd fawr yma, ac nid
yw'n rhodd ond o'i bodd a'i gwirfodd bydd

ysbryd y sbardun yn mynnu diwrnod da
i fforddolion y feidir – yr un dila a'n dal
i lecyn cyn deall mai perthyn yn agos

i'r perthi wnawn – o'r crud i'r clawdd,
yn unfryd a'r ddaear frau wrth sylwi
o'r newydd mor llydan yw llwybr dynol ryw

over the shoulders of the Black Mountains.
Here we understand, as if it is a parable,
we are not the only ones with rights-of-way

on a summer's afternoon: hasty or unhurried,
brakes controlling the distances,
pondering this as we wander a burnished road.

ac mor gytûn yw rhodio drwy Gapel y Ffin
i'r Bannau Du a'u hysgwyddau gwâr.
Dyma'n gweryd. Dyma'r ddameg a'r ateg

nad nyni yw' rhai â'r unig hawl ar bnawn o haf
yma. Ond cyrraedd dinas o garedigrwydd
wnawn, yn hwyr o ddiogel, a phob drych

yn dryloyw , pob bre^c wedi profi pellter –
                                 a phwyll ein crebwylll wrth
dramwyo'r heol aur.

AFTER THE RAIN

'After the rain' was my sister Siân's favourite fragrance

After the rain
we take one another's hands.

Dry eyes
despite the downpour.

I open a vial
of her chosen scent,

its droplets on the skin
of my throat and wrist:

suggestions of attar
of roses, sandalwood, lime;

sea air from the isle of Arran
– her Isle of Avalon.

So sweet her savour
in every exhalation

and delicious to discuss
such a person,

a perpetual presence,
so wide her enchantment

and now her blessing bestowed
on us by that perfume.

WEDI'R GLAW
'After the Rain' hoff persawr Siân, fy chwaer

Ar ôl y gawod,
o law i law.

Llygaid sych
wedi'r ddrycin.

Agoraf gostrel
o'i hoff awelon;

dafnau ar groen –
o'm gwddf i'm garddwrn.

Nodau arogl y rhosod,
leim a sandalwydd,

aer y môr – Ynys Arran,
ei ynys Afallon

mor ber ei sawr,
chwa ei hanadl:

per yw son
am y person;

ei llofnod anniflan:
lledred ei lledrith

sydd yn fendith
ymhilth awelon ei hoes.

CATRIN GLYNDŴR

One of the daughters of Owain Glyndŵr who died
in 1413 in the Tower of London

Your paradise betrayed.
They put you in a place
that could never be home.

Walls iron-wrought,
a locked room in an alien state.
By lies rendered anonymous.

Tamed by this long vigil's
bare hours, such a life
challenged your identity.

Years yearning, story of disasters.
Yet you maintained your grace
and curiosity.

And wept for what you believed.
At the tower your leaves live on.
Ancient, you are, yet born today.

*

The Tower was home without return,
but yearning is a woman's music.

CATRIN GLYNDŴR

Un o ferched Owain Glyndŵr a fu farw yn 1413
yn Nhwr Llundain

Wedi'r brad ar baradwys
   a 'i dwyn yn yr oriau dwys
o'r fan a fu yn annedd,

bu dur amdani'n furiau
   mewn gwlad bell a'r gell ar gau,
yn anair bu'n ddienw.

Bu'n wâr wrth hirymaros
   yn oriau noeth hwyra'r nos,
bu'n anian pob hunaniaeth.

Er hanes blin drycinoedd,
   bu'n rhiain gywrain ar goedd
yn cadw urddas traserch.

Wrth y Mur, deil aberth merch
   i hawlio'r gri, i wylo'r gred,
'Hi hen, eleni ganed'.

            *

Godre Twr, adre nid aeth,
Aria ei rhyw yw hiraeth.

LATE AFTERNOON, HARARE
for Ethel Kabwato

Late afternoon in Harare
and a crowd of us leaving Zimbabwe,
returning home, but first in a secondhand bus
from Blighty, musty, dusty
in this sweet-and-sour weather,
its condensation our perspiration
pooled on the windows,
and everyone for themselves
and god for nobody,
before everyone piles off for home.

A hoarse voice – *Stop!*
A hop and a jump
Pamounde – the fig tree, says a lad,
then the next, an urgent shout:
Pamarara – by the rubbish skip
and every one of us calling *Stop*,
identifying where, and the bus braking...

Grinding of gears even before
the caller tells us the name...

Then silence.
It's a long journey before scampering off;
but who's left?
Effervescent schoolkids
feeling every dunk and dint in the road
delighted by every crevice.

HARARE, HWYR BRYNHAWN
i Ethel Kabwato

Harare - hwyr brynhawn , gadael Zimbabwe
a'r llu yn troi am adre
mewn bws ail law o Brydain Fawr ;
ffrwst a dwst tywydd melys a chwerw
yn taflu ei chwys ar bob ffenest pŵl – fforddolion –
pawb drosto'i hun
a Duw dros neb yma –
cyn disgyn yn glwt yn agos i gartre.

Gwaedd cras *'Stop'* – herc a naid –
Pamuonde--y goeden ffigys' medd llanc,
yna'r nesaf yn ei frys a'i lef ' *Stop'* –
Pamarara – ger y sbwriel',
a phob yr un a'i 'stop' yn enwi'r disgynfa –
hip a hop ar lawr a'i dreth ar brêcs,
clatsho gers cyn i'r galwr ei heglu hi.
Yna rhyddhad.
Taith hir yw cyn y baglu bant.

A'r gweddill rai ?
Dim ond plant ysgol
ac asbri eu hysbryd yn deffro – a tholc
pob pant yn yr hewl yn cyffroi pob clonc:
'Kabul' medd un i'r twll
a 'Chicago' i glyw'r clwc o geudwll'.
'Hawaii' canodd merch i galypso ysgafn
cyn i'w ffrind enwi 'Periw'
ac fel hyn drysni eu byd llwm
yn fydoedd hardd a hwy yn eu seithfed nef.

Kabul! One says to a pothole,
Chicago! To a crevasse.
Hawaii! Calls a girl in light calypso
before her friend asks for *Peru*...

And this is how they transform
their difficult world into seventh heaven.

And faith is the freight in every voice.
Who cares about holes in the road
when it leads to a better place,
a green Avalon that might heal the world,
such blessings infinitesimal as dew...

– Goodbye and Praise be! – Kudaishe

A'u ffydd sionc ym mhob llef.
Pa ots am dyllau yn yr hewl?
Esgus am fan gwell fan draw yw?
I lwybro Afallon las yn fri o froliau:
y rhai iau sy'n iachau'r byd
o'r newydd – bendithion rif y gwlith.
Hwyl fawr a mawl – *Kudaishe!*

Kudaishe – Praise. (Shona)

THE PIPIT

A poem sent to the poet Ithan Comak who has been
a prisoner in Turkey for twenty-eight years for being
Kurdish;
and thinking also about T.E. Nicholas.

Look
there is a tiny bird at your window,
which means there are two supplicants within your cell.

Give it some crumbs spared from your stash,
as it might recall you
in far flung places.

You have heard it singing,
filling your imagination with its spell,
such harmony worthy of a fine poet.

And later it might delver
this message to your homeland,
in your encryption,

so as this pipit flies away
over mountain, marsh and whin
it will become your heartsick emissary,

singing your name.
And if your ration is sparse, or prison persists within,
It will serve for a future feast, some day…

January 2008

PIBYDD

Cerdd a anfonais at y bardd Ithan Comak sydd yn y carchar
yn Nhwrci ers 28 o flynoedd am ei fod yn perthyn i genedl
y Cwrdiaid; ac wrth feddwl am T.E. Nicholas

Edrych. Mae deryn bach wrth dy ffenest
yn synfyfyrio yn dy gell,
rho friwion iddo, sbarion o'th luest;
am ddyfod draw atat o fannau pell.
Wedi chywed ei ganu, rho iddo
acenion cerdd, dychymyg yn llawn swyn,
pwy wyr na ddaw nodau wrth it byncio
cynghanedd ber i lonni's prifardd mwyn?
A hwyrach ffy, a'th neges yn ei big;
i dir dy febyd; neges las mewn cod;
a'r pibydd mynydd yn y gors a'r grug
yn gennad hiraeth sydd yn canu'th glod.
Os prin yw'r saig, a 'r paen rhwng caeth a rhydd,
offrwm dros dro i'r wledd a ddaw, rhyw ddydd.

OLD WELSH AIR..
a true story

A bit of a cardsharp is the snow,
dealing us hands useless
as scrunched-up kleenex.
And yet, how
a snowfall raises rapture.

On another day, the snow's a comedian
or a rabble rouser
so we might create art
sculpting snow, unspeakably
yet naturally unique.

But one day, views
of Venus appeared, that daystar
feathery with light,
gaunt goddess she is, marvellous
such flickering, vain in her vale,
her nakedness everybody's news.

Even the Ohio cops were called out
to vet this otherworldly vista,
any compromise was touch-and-go
but insistence at last
slipped this sloven a bikini.

A day later the snow had vanished
and there was the sun's
wide smile restored,
and good-natured gossip
about a bare-assed girl-god.

FENWS YN YR ÔD
stori wir

Cafflwr hap chwarae yw'r eira

bydd cardiau'n disgyn
ar chwâl wedi'r twyll;
papur sidan blith draphlith,
yn ildio'n llonydd yn y lluwch.

Dro arall, hwylusydd yw,
un byr-fyfyr yn annog llu
i dyrru – creu cerfluniau
dwys a dof yn un ddalfa –
yn hynod ôd sy'n hynaws.

Ond un dydd, ei thylino
yn feinwen o Fenws dlos,
duwies – hi, *GOD – Id-owg-rwydd*
a'i phlu yn un swae drwy'r plwy:
ei noethni i rai'n wrthuni,

Galwyd y Glas ar ras
i'r deyrnas a fu mor dirion.
i weld y greadigaeth nefol –
cael a chael oedd hi-hyd nes
i gymod ei gwisgo mewn bicini.

Drannoeth, meiriolodd y manod,
daeth Digrifwr yr haul
a'i wên lydan i doddi 'r lodes
dwyn anadl ei chwedl a'i chwiw

Eventually the scandalisers,
vaping in the frosty air
became worshipful,
admirers of the vastnesses of the void.
But the only sound to be heard was wind whispering.

So what's the difference
between praise
and speaking the truth?
On a chilly Sunday morning in the snow
only Ohioans know.

An old welsh air, or folk song which ends – 'nid canmol yr ydwyf
    / ond dwedyd y gwir' *(I don't praise but I sing the truth!)*

Aeth clonc yn donc, rhai'n canu ei chlod
gan edrych i'r entrych am iddi ddod
eto i eiriol edmygedd yr addolwyr,
ond sisial yn yr awel a glywir o hyd:

beth sy rhwng *'canmol a dwedyd y gwir'*
yn oerni *ôd* Ohio ar fore Sul?

THE VOID

God, it's gutwrenching
gazing at Gaza
as we grind its grist.

But its massacres mean piss all.
So here's another anonymous
Palestinian anthill

where starvation stands
for stupefaction
and famine for fame.

Warmongering means money.
But such words belong on social media
or in the dusty dross of books.

The same goes for peace
although its opposite applies.
They are the mortar that holds together

the fantasy we create.
Through a looking glass – almost biblical –
we see yet another nameless exodus.

And as we turn our backs, our
tears are only Mediterranean brine.
Whenever we give Gaza a glance

the world remains unmoved
by our muted mouthing
of *no more, no more…*

DIDDYMDRA

A'r oll a wnawn
o'r holl archollion
yw syllu ar Gaza

ein merwino,
gan y meirw
dienw yw ffordd

rhyfela- anhysbys
ond am y newyn
a'u try'n enwogion

mud ydym
am rai munudau,
ni, na wyddom

beth yw llwgu
ond mewn llyfr
llychlyd – fel y gair

hedd- ond anghyfannedd
yw – fel mortar yn lle maeth
ac yn ein 'byd o amser'

trwy ddrych mewn dameg
syllwn eto ar Gaza
gweld y lli'n cyrraedd glan

distyll y don yn troi cefn
gan suo 'dim mwy, dim môr', dim môr

LLŶR GWYN

I.

SEEING AN OPPORTUNITY
(Last message from the wanderer 'Opportunity':
'My battery is low and it's getting dark')

I remember hearing over the phone,
some news headline about that last evening...

Battery almost dead and it's almost nightfall...

And I took some miserable selfie
wondering about how things ended up like this.

All of us, finding ourselves in dust storms,
sand-shrouds...

I embraced what I uncovered,
its aluminium and circuitboards.

Recognising them meant such a thrill
or a chill to me.

GWRES

dyddlyfr ar y blaned Mawrth

I.

GWELD CYFLLE

(neges olaf y crwydrwr Opportunity:
'My battery is low and it's getting dark')

Cofiaf glywed ar gynffon
rhyw bennawd newyddion
hanes ei noswylio olaf:

Mae'r batri'n marw'n ara a hithau'n nosi'n gynnar...

A chofiaf deimlo rhyw lun ar dorcalon
unig wrth feddwl amdano
ben ei hun i fyny fanno

Rŵan dyma finna, o bawb, yn ei ffeindio,
y stormydd llwch wedi'i fendithio
â chnebrwng tywod.

Mi allwn ei gofleidio, y talp hwn
o alwminiwm a syrcitbords.
Mae'i weld o wedi rhoi gwefr i mi.

II.

MAP

Uplands of Tarsis

I push on through new country,
imagining I'm one of those old explorers,
the first to chart the country they discover,

creating an ordnance survey of a wasteland,
yet with images from the past.
But, while this sand moves like mercury,

it's really me who is changing,
whispering and bewildered, because
I've learned a map exists in time, not space,
and I am not being, but happening...

III.

CONVERSATIONS

I find I'm talking to myself
about meaningless things
and discovering the best listeners

are the red rocks
and the Martian dust
disturbed when the capsule landed in the crater:

such old simple pleasures,
amusing enough to pass the time,
and no matter if it's only my mutterings...

II.
MAP

Ucheldir Tarsis

Wrth ymwthio i diroedd newydd
gwnâi'r hen fordwywyr synnwyr o'u byd
drwy fapio a siartio'r hyn oedd o'u cwmpas.

Af innau hefyd i sgwario'r anialdir
efo'r delweddau a welais cyn dod.
Ond mae'r tywod fel arian byw, yn symud, yn claddu.

Ydw innau'n newid, yma? Clyw'r cyfuchlinau'n
dadlau mai ciplun o amser, nid lle, yw map;
nad bod ydan ni, ond digwydd.

III.
CODI SGWRS

Dwi'n fy nal fy hun yn siarad
â phethau dienaid ac yn canfod
eu bod yn wrandawyr gyda'r gora:

y garreg goch, y llwch sy'n galw weithia,
y fraich a dorrodd odd'ar y capsiwl
wrth lanio'n glewt yn y crater.

Hen hwyl digon diniwed,
rhywbeth diddan i basio'r amser
nes iddyn nhw ddechrau sgwrsio'n ôl.

IV.
BLUE SUNSET

I recall an old bloke in Cofi town, back in the day,
collecting pennies for the British Legion,
a sailor's cap on his head.

His grieving was clear to everyone on the street
when Princess Di copped it, despite him being
a Welshman to the bone.

Because I remember her dying, and all that fuss.
And sometimes I wonder,
when all that was done,

about everything that came after.
The nonsense of it.
And, looking at this sun going down

through dust clouds,
this sun's not orange
and this sun's not pink.

No, this sun's electric blue.
And for me, that's what beauty means.
Or verging on it. Got to say.

IV.

MACHLUD GLAS

Cofiaf hen foi yn dre erstalwm:
heliai bres mewn tun i'r British Legion,
cap morwr am ei ben.

Bu'n galaru'n gyhoeddus yn y strydoedd
pan fu Diana farw – ac eto, Cymro i'r carn.
Cofiaf ei farw yn fuan ar ôl datganoli.

A dwi'n meddwl weithia tybed
be fyddai o wedi'i wneud o hyn oll,
o bopeth ddaeth wedyn. Y llanast

A be fyddai o wedi'i ddeud
pe gallai weld be dwi'n weld rŵan
yr haul yn machlud drwy gwmwl llwch

nid yn oren nac yn binc
ond yn drydan glas. Fyddai o wedi gweld
rhywbeth yn ymylu ar harddwch yn hyn i gyd?

V.
CUTTING MY HAIR
Planum Boreum

Don't let the left hand
know what the right hand is doing.

But, you want the truth?
I'm making a real dog's breakfast of this,

doing it myself with an old pair of pliers...
Thank God there's no-one to see

such a spectacle
and how we turn away from one another,
No mirror even: just squinting

where the corner of the landing capsule
catches the sun...

VI.
A LIVING STREAM
Gale Crater

It's undeniable, as Auden wrote,
about suffering, and how we turn away
from one another...

Our fingers hovering above the 'refresh' button
which has become the only way to amuse ourselves,
looking, watching, gazing,

V.
TORRI GWALLT
Planum Boreum

Paid â gadael i'th law chwith wybod
pa beth y mae'th law dde'n ei wneud...
gwir y Gair, a minnau'n stryffaglio
i dorri 'ngwallt fy hun efo hen bleiars.

Diolch byth nad oes neb i weld y llanast
na drych chwaith, dim ond cip
o ddrysi 'mhen ar gornel
y landing capsiwl pan ddalio'r haul.

VI.
FFRWD BYW
crater Gale

Dyna'n doethineb diymwad am ddioddefaint
erioed: ei fod, fel dwedodd Auden,
yn digwydd wrth i eraill droi i ffwrdd.
Ond nid felly'r oedd hi erbyn y diwedd.

Hofrai ein bysedd oll uwch y botwm 'refresh'
am mai hyn yn unig fedrai'n diddori:
edrych, gwylio, syllu, sbio, llgadu mewn braw
ar eraill yn marw, yn boddi neu'n rhynnu,

fervid for thrills while others are dying,
drowning or shivering without seeing the truth,
soothing ourselves,

because such deaths always happen
elsewhere,
as we attempt our next atrocity...

And tonight, marooned,
I find I can tune into BBC2
for old astronomy programmes,

here, in the night's blackest pit,
and unable to stop myself
I watch the distant Earth burning...

VII.
CANALS
Valles Mineris

Stones?
Effigies?

Or is this Homo sapiens dreaming
about generations of water.
But maybe I am mixing
imagination with memory.

This might be where a flash-flood finished,
its currents leading towards a better humanity.

So many legends in the sand
but I have seen these riverbeds become

a continuing metamorphosis...

heb allu tynnu'n golygon draw.
Rhyw deimlad cysurus, cynnes i'r cyfan bron.
Diweddariadau o drallod rhywle arall,
a chael anghofio wrth sgrôlio mai ni oedd nesa.

Yma hefyd heno ar fy mhen fy hun
ar sgrîn sydd rywsut di'i thiwnio i BBC2,
fel hen raglenni seryddiaeth berfedd nos
gwyliaf y ddaear yn llosgi, o bell

a fedra i'n fy myw â pheidio gwylio.

VII.
CAMLESI
Valles Marineris

Cerrig hen dduwiau a hindreuliwyd yn ddynion
dros genedlaethau yng ngenau'r dŵr.

Ai dyna'r llif a'm gyrrodd yma,
cerrynt holl gynnydd dynoliaeth wych?

'Mond chwedlau yn y tywod yw'r afonydd hyn, siŵr:
wedi'u hen dreiglo, a'u gwlâu yn sych.

VIII.
SPACE-TIME

I went to the trouble of counting –
three slow minutes for your light to reach me
in the silver dust of this place.

But how long would it take you to reach here
if you started this minute?
Two hundred and sixty days; give or take,
depending on your orbit.

But you can have no idea
about time or direction
when every minute means disorientation.

I wonder if you too are calculating
how moments manufacture hours,
and weave such emptiness between us.

IX.
THE POET AT HOME
Caves near Arsia Mons

I send these words out
from the dust and the darkness
but who might receive such signs and signals
from this corner of the universe?

Always, there's the chance it might be drivel
from the black hole of circumstance

VIII.
Y GOFOD—AMSER

Mi es i'r drafferth o gyfri:
tri munud araf i olau drafaelio
o lwchyn arian y ddaear i'r fan hon.
Faint gym'rai hi i tithau hwylio yma
tasat ti'n cychwyn y funud 'ma?
Dau gant chwe deg diwrnod, fwy neu lai
yn dibynnu ar dy gylchdro...

A chdi, na fu gen ti byth
syniad nac ots am amser,
ei dreigl, ei driog, yn hwyr i bob man,
tybed a wyt ti bellach yn cyfri'r
oriau, ac yn gwylio'r munudau'n
cael eu plygu gan y gwactod rhyngom?

IX.
BARDD PRESWYL
Ogofâu ger Arsia Mons

Gyrraf y geiriau am allan i'r llwch a'r t'wyllwch;
ella y gallwn gysylltu â'r holl gysawd...

Pwy ŵyr pa fodau
glyw gnul fy signalau
yng nghyrion eitha'r bydysawd?

Mae'r posibilrwydd glafoeriol hwnnw
hefyd yn agor twll du o siawns

and could be there's no fool will ever hear it,
not one soft lad in the vastnesses between stars,
making much of my messages…

But back home
I was once a poet and a Welshman,
I cared for my craft, it was my core,
the oxygen for inspiration…

X.
SPEED OF LIGHT

Only ten years since I've been exiled
to life in this arsehole of history,
and soon come the challenges you would expect.
But the ink and the implements are always warm.

XI.
SING FOR ME THE OLD SONGS

I grew used to hating them at home,
cringing at those choirs that began singing
hymns and bloody arias down the pub.

What I wanted was a good drink
or to make friends with the Englishman in the corner,
a sardonic smile in the bottom of my pint…
Had to whisper to him, though. Politics.

So what's different that has happened to me here?
I'm still muttering old hymns

nad oes un adyn, nunlle, yn fy nghlywed;
dim un wan jac drwy'r sêr na'u heangderau
yn darllen fy nhipyn cenadwri.

Ond ar y ddaear
mi fûm am gyfnod yn fardd o Gymro.
Arferais, felly, dalm yn ôl
â'r amau hwnnw yng nghraidd, yng ngherdd, fy nghylla:
a'r diffyg awyrgylch.

X.
CYFLYMDER GOLEUNI

Dim ond deng mlynedd sy''na ers
'mi ddannod diflastod byw ym mhen-draw hanes
Mor fuan wedyn y daeth yr hers
a'r inc, a'r cyrff, yn dal yn gynnes.

XI.
CENWCH IM YR HEN GANIADAU
Olympus Mons

Arferwn eu casáu nhw, adra.
Crinjiwn pan fyddai corau
yn dechrau canu ar lawr y pyb.
Dymunwn am i'r llawr fy llyncu
neu am gael gwneud ffrindia â'r Saeson yn y gornel.
Gwenwn, yn chwithig, a sibrwd y bas i 'mheint.

Be sy wedi digwydd imi yma?
Yn hymian hen emynau

in the shadow of the mountains.
Only the mountains are bigger.
All it is are different words and an echo of another tune.

These old songs I'm casting into darkness
reach a congregation of stones.
Yes, I'm a voyager who doesn't dare ask
the one crucial question of himself.

XII.
DUST STORMS

In the past at home we began to name storms...
It was as if they were friends of ours.
Or children.

In the present, storms don't have names,
but they're still a randy breed.
There's no means of defining how they cloud the stars...
Still, I don't know which is worse...

XIII.
PAREIDOLIA
Cydonia

As if seeing the man in the moon
or extinct canals up here
or that stern face in Cydonia
gazing out at the night and these aborted planets,

yng nghysgod mynyddoedd newydd, mwy.
Wnawn nhw ddim atseinio'r geiriau'n ôl
am bod y dôn yn ddiarth.

Heb y Duw a'u hysgogodd
y creigiau a'u cariodd
i be mae emynau'n da ond eu taflu i'r düwch?

Eto, fe'u moriaf
rhag gofyn yr un cwestiwn
amdanaf i fy hun.

XII.
STORMYDD LLWCH

Gynted inni ddechrau'u henwi, adra,
dyma nhwythau'n dechra bridio,
gan alw heibio'n amlach, fel ffrindiau, neu blant.
Does gan stormydd ddim enwau yma,
dim ffordd o'u diffinio na'u mesur yn mygu'r sêr.
Wn i ddim yn iawn pa un sy waetha.

XIII.
PAREIDOLIA
Cydonia

Fel gweld y dyn yn y lleuad
fel olion camlesi'r blaned hon
neu'r wyneb syber hwnnw yn Cydonia
sy'n syllu allan ar y nos a'i lloerenni

yet once I was desperate for traces
of life in the most inhospitable places,
evidence where it could not exist,

piercing myself, heart racing, thinking,
surely, I glimpsed your face
in the shadow of a rock
or cosmic flickerings, your voice in white noise,

so I could imagine you arriving
out of the depths of emptiness.

XIV.
THE END OF THE WORLD

Finally
it happened.

Suddenly.
Drearily.

And disappointingly,
I have to say.

There was no time to think
what to think.

It was a bit like falling asleep in a car
and only waking when the journey was over.

bu gennym, erioed, awydd
i weld olion byw yn y llefydd
mwya anghyfannedd. Creu patrwm
lle nad oes gan batrymau hawl i fod.

Felly hefyd y daliaf fy hun
yn brathu 'ngwynt a'm calon yn carlamu
wrth feddwl yn siŵr, am eiliad, gael cip ar dy wyneb:

cysgod ar graig, neu olau a siwrwd cosmig
yn peri i finnau fynnu gweld
dy long ar gyrraedd o ddyfnder gofod.

XIV.
DIWEDD Y BYD

Digwyddodd, yn y diwedd,
mor sydyn a dilewych.
Diflas, bron, mi ddwedech.

Dim amser i feddwl sut i deimlo.
Fel syrthio i gysgu ar daith yn y car
a dim ond ar ôl cyrraedd, deffro.

XV.
OGUNQUIT BEACH

Can a beach be a beach if there's no tide?
And what is a beach
without a drop of cold spume?

And how might I be myself
with no shells or seaweed
in my marine imaginarium?

First of all I thought to pack light
but then remembered my books and box-sets,
the web and everything you are.
What am I without all that?

At the moment my greatest loss
is walking through the wind at night to the pub,
just to seek out who's knocking about,
carrying the smell of rain
on glistening tarmac inside on my coat...

XVI.
CHIAROSCURO
when taking photos from the moon Phobos

After the talk I heard of Caravaggio
crushing insects until they turned to powder,

then setting them on fire,
creating ceremonial light for his paintings,

revealing a whole constellation, but it was as if
every brushstroke was made by chance.

XV.
TRAETH OGUNQUIT

Ydi traeth yn draeth os nad oes 'na drai?
Be 'di hyn o draeth heb ronyn dŵr oer?
Ydw innau'n 'fi' heb gregyn a gwymon
fy nefodau a'm harferion?

Bêcyn ddoth i'r meddwl gynta.
Ond wedyn dyma feddwl
am fy llyfrau, fy mocs-sets, y we,
y môr, y chdi. Be wyf heb y pethau hyn?

Yr hyn dwi'n golli fwya yr eiliad hon
ydi cerdded drwy'r gwynt a'r nos i'r pyb
jest i weld pwy wela i yno,
cario ogla'r glaw a'r tarmac gwlyb
i mewn hefo fi ar fy nghôt.

XVI.
CHIAROSCURO
wrth dynnu ffotograffau o'r lleuad Phobos

Yn ôl y sôn glywais i
roedd Caravaggio'n crensian pryfed tân,
eu mathru i'w troi'n bowdwr, i hebrwng golau
a'i beintio i mewn i'w ddarluniau.
Cytser cyfa'n farw â phob trawiad brwsh, ar hap.

So, I pulled everything outside,
galaxies from the darkness, suggesting

powerful creatures,
bright eyes full of fear and pain;

a threat suspended like a camera on a strap…

And I saw things exactly as they should be,
but through a cracked lens and Caravaggian gouts.

XVII.
ORBIT

Saunders Lewis said something about this, didn't he?
About a man and woman being planets

orbiting one another.
But that's Saunders from the old world.

I gaze out and see home on the horizon.
There you are at the usual sunset rituals

chivvying the kids
about the red dust staining their footprints.

And though you are thousands of kilometres away,
It feels as if we only now said goodbye.

You. Me.
Spinning. Spun.

Yes, there is always the next time round,
such is the spell of celestial mechanics.

Tynnodd bethau i'r golau, dyfnder galaethau
ei ffigurau cyhyrog; dinoethodd grateri
llygaid yn llawn gan ofn a phoen, a goleuni.
Bygythiwyd ei grogi, fel camera ar strap.

Fe gawsom oll, yn y diwedd, ein hymoleuo,
a gwelsom bethau'n union fel y maent
yng ngwydr craciog lens, a siwrwd paent.

XVII.
ORBIT

Saunders ddywedodd rywbeth, ynde,
am ŵr a gwraig fel planedau'n cylchdroi
o amgylch ei gilydd. Saunders o'r hen fyd.

Sbiaf allan a gweld y ddaear ar y gorwel
yn machlud. Noswyliaf hefo ti. Ymarferaf
sdraeon ein byd arall i'w deud wrth y plantos,
llwch coch yn staenio'u gwadnau.

Ac er y miloedd cilomedrau rhyngom
teimlaf ein bod ni jest wedi colli'n gilydd;
y down ni, tro nesa rownd, i gylchdro'n gilydd eto
chwyrlïo'n chwil o gwmpas ein gilydd
cyn tynnu, gorff at nefol gorff.

XVIII.
REARRANGEMENT
Utopia Basin

There are commotes of the minor planets;
local government amongst the stars,
which means I feel as parochial as I ever did,
still peevish about status
or its lack, in the cosmic corridors…

The problem with Wales is the same as here:
just a few of us trying to do everything.
True, I can be both poet and patriot,
and just think, if I summoned up the spunk,
I might be president.

XIX.
JENTRIFFICASION

I've heard they're going to start building
a *Services* on the edges of this zone.

That Starbucks and McDonald's
will nestle between the moons Ceres and Vesta,

with Nando's allying with Costa
to make something like the mall
you see in the Kirkwood Gap.

But the same old mistakes.
And already this place is beginning to feel
overcrowded.

XVIII.
AD-DREFNU
Basn Utopia

Cymydau'r planedau mân,
llywodraeth leol y sêr:
teimlant yr un mor blwyfol ag erioed.
Finnau'n gwerylgar, mor fân a phitw
fy marn yng nghoridorau'r ehangder.

'Run broblem â Chymru sy 'ma –
un boi yn trio gneud bob dim.
Alli di'm bod, siŵr,
yn fardd *ac* yn wleidydd.
Eto, mae gen i awydd,
rhedeg, yma, i fod yn arlywydd.

XIX.
JENTRIFFICESYN

Clywais eu bod wedi dechrau codi
gorsaf *services* yng nghyffiniau'r
gwregys mawr,

bod Starbucks a Mcdonalds
yn nythu'n braf rhwng Ceres a Vesta
a Nandos yn pasa ymgynghreirio
â Costa i wneud rhywbeth tebyg ym mwlch Kirkwood.

Run hen fisdêcs. Ac eisoes mae'r lle
'ma'n dechrau teimlo dan ei sang;
digon i wneud i ddyn hiraethu
am ddistryw'r gawod asteroid.

Enough to make a man think
the best thing to look forward to
is destruction by an asteroid shower.

XX.
NOCTIS LABYRINTHUS

Seconds before leaving the Earth
I was given the merest flash of illumination
about how all the pity and innocence
of war over the ages
earns only the indifference of warmongers,
its fervor and terror unfazed.

Simply, they say,
the easiest thing to believe
is that atrocities are cyclical
and the world remakes itself,
like houses becoming offices,
and everything we once preserved
so urgently, ends with us
believing only in our own propaganda.

XXI.
CONSTELLATION

In the way-back-then that was my youth
I might have glimpsed a knot of stars
when I turned a corner
or they were revealed behind a chimney
or angle of a skylight.

XX.
NOCTIS LABYRINTHUS

Jest cyn gadael y ddaear
mi ges yr arlliw lleia o ddealltwriaeth
sut gallodd trueiniaid
a diniweidiaid rhyfel y canrifoedd
fynd mor ddifraw dawel a diwylo i'w tranc
heb rewi gan arswyd
heb golapsio gan y braw:

Yn syml, medden nhw,
'Mi fyddwn yn ôl cyn hir,
daw petha i drefn mewn dim
mi welwn ein tai a'n swyddfeydd eto
a phopeth yno fel gadawson ni o'
a'i ddeud mor aml ac mor daer
nes mai dyna'r peth hawsa'n y byd i'w gredu.

XXI.
CYTSER

Yn hen ddinas fy ieuenctid
y cwbl a gawn oedd ciplun sydyn,
cornel o ryw glwstwr sêr neu'i gilydd
heibio i simne neu onglau'r nendyrau,

But I could make little sense of the night's pathways.
Maybe I recognized some of those stars in Orion,
or the handle of the Plough
without the edge of its share.

But here, I can see all the starry highways
– the whole galactic display –
and gradually understand
in this universe, such lights
lead our lives
nowhere.

XXII.
CHAMPAGNE SUPERNOVA
Elysium Mons

Maybe only for its own sake
but I neck this last bottle
and play the grand old symphonies
into the emptiness around me

and I understand that God
will always be unexplored space
and the night is nothing more
than an extension of the day
and that stars were born
a moment ago.

And of course, we die and disintegrate
but possess the chance to shine
long after our last sputterings and the Big Bang
on such a speckled night as this
on a different planet.

nes na allet wneud sens o lwybrau'r nos:
dim ond un o loerenni pell Orion,
neu handlan yr arad heb fin y llafn.

Yma, caf weld y cyfan yn glir,
priffyrdd cyfan o gerbydau'r galaethau'n wincio
a deall mai dim ond rhyngom yn ein cyfanrwydd
y gall golau'n bywydau arwain at un dim.

XXII.
SIAMPÊN SWPYRNOFA
Elysium Mons

Wrth aros amdanat
er gwybod na ddoi, yfaf
y botelaid olaf, chwaraeaf recordiau,
blêrio'r hen symffonïau mawr
i'r gwacter uwchben

A dwi'n gwybod nad yw Duw ond darn
o'r gofod heb ei chwilio
a nos ddim mwy na darn o'r dydd
sydd heb ei gynnau eto,
yn seren heb ei geni. Ac mi wn

bod rhaid inni farw, dadelfennu, oes,
ond mai ni sy pia dewis sut i sgleinio
yn hir ar ôl y ffrwtian olaf a'r ffrwydro,
yn frychni pell yn nos rhyw blaned arall.

*

TO TRANSLATE

OK, I understand
what you're thinking.
And yes, it can be dispiriting.

But if it puts food on the table
from nine till five at most, it's a means of escape.
An accommodation with life.

And call me peculiar
but sometimes it's even better than that.
I can turn around and find it's four o clock

and work is still too much of a puzzle
yet, suddenly I come upon
the exact words...
As, you might imagine
when you're on your own on a mountainside
and take a step

that startles a skylark from its nest
and the lark climbs higher and higher
and sings until it disappears

and that's how you rediscover your own fluency.
Sometimes, but only sometimes,
it's like that...

Ocê, dwi'n gwybod be dach chi'n feddwl.
Ac ydi, ar un wedd mae'n ddiflas.
Ond mae'n fwyd ar bwrdd
mae'n ddechrau am naw ac mae'n orffen am bump gan mwya,
ac mae hynny'i hun yn fath ar ddianc.
Yn gyfaddawd efo bywyd.
A galwch fi'n od, ond weithiau
mae'n fwy na hynny hefyd.
Mae'n droi rownd a ffeindio'i bod hi'n bedwar,
mae'n ddigon o bos i dy gadw rhag dibyn:
ac weithiau, jest weithiau,
pan fydd y geiriau –
Ti'n gwybod, ar ochr mynydd ben dy hun,
pan ti'n cymryd cam sy'n styrbio'r hedydd yn ei nyth: mae'n
curo mae'n rhuglio,
mae'n canu, mae'n esgyn yn uwch
ac yn uwch nes diflannu?
Weithiau, jest weithiau, mae o'n hynny.

IWAN LLWYD

ALCATRAZ

The gulls make good guards at Alcatraz;
obstinate and ferocious
around the scrapes of their nests.

Okay, they were never eagles,
and maybe their eggs don't deserve the state's protection
from the feet of all these tourists,

swarming around the island in their own high tide,
whispering *Alcatraz Alcatraz* to warn bad children.
But patrolling this parched rock

a stone's throw from the San Francisco boulevards,
it's impossible to escape the gulls' grudges,
yet surely now they're all that Alcatraz deserves.

Remember '69,
year of Woodstock and Prince Charles and Ulster,
when man walked on the moon?

A kind of psychedelia painted the cells
in the aisles of Alcatraz,
and even the pelicans paddled back for a while,

came home to their immemorial rock.
The first-time owners wanted rid of the new regime
so they sloganed their shirts and hung them from the walls:

'Amos was here in '69',
'this is native land'.
And because freedom has a deep impertinence

ALCATRAZ

Mae'r gwylanod yn ffyrnig eu gofal ar Alcatraz:
yn styfnig a di-ildio
uwch eu nythod di-nod:

dydan nhw ddim yn eryrod,
dydan nhw ddim yn teilyngu trwydded
i'w gwarchod rhag traed y twristiaid

sy'n heidio i'r ynys y bu ei llanw unwaith
yn sibrwd bygythiad yng nghlustiau plant drwg:
ond maen nhw'n crogi'n ddialgar

uwch y creigiau sychedig
sy o fewn tafliad carreg i frasder San Ffransisco:
yr adar budur balch

na fedrwn ni ddianc rhagddyn nhw,
a hawliodd Alcatraz am na fynnai neb arall hi:

er '69
blwyddyn Woodstock a Carlo a'r Chwe Sir:
pan hedodd dyn i'r lleuad,

pan ddaliwyd breuddwyd y chwedegau
am ennyd yn rhwydi Alcatraz,
daeth yr adar adre,

daeth yr eryrod i'w nyth
i hawlio rhyddid ar dir hen garchar,
a thaenu eu baneri amrwd ar furiau'u caethiwed:

not even the San Francisco Parks Authority
could hide what this place is
and green it out of history:

battlefield of avatars
haunted by Cherokee drums
and Cheyenne cries.

Their claims are based on belonging –
which is beauty in the bone.
This prison couldn't break any one of them.

Instead let ideas soar
like snowheads of the sierras
because one day soon the owners will be back.

Note on 'Alcatraz' by 'Cultural Survival'

It is primarily known as a notorious prison, once containing
Al Capone. What is hardly known is that the some of first
prisoners were California Indians resisting incursions of
settlers and miners during the Gold Rush. Another group of
Indigenous prisoners, nineteen Hopis, were later held there
for resisting the removal of their children to US Boarding
Schools.

When Alcatraz became financially untenable as a prison
the site was closed and abandoned until the Native American
occupation of this site began on 20 November 1969. Eighty-
nine Native Americans led the occupation which, at its height,
swelled to a total of 400 Natives and allies. During this time,
Bay Area supporters, including the Black Panthers, organized
boats to deliver food and other essential supplies to the
movement.

'Bu Amos yma yn '69'
'Tir yr Indiaid'
gwreiddiau styfnig rhyddid

na fedr holl arddwyr y llywodraeth
eu difa wrth wareiddio'r ynys a thwtio'r nyth:
fe ddon nhw i'r wyneb eto,

yn hir a blêr a chyntefig
fel drymiau'r Cherokee
fel cri'r Cheyenne:

mae gennym hawl ar y sêr,
mae gennym hawl ar bob dim
sy'n chwerthin yn hardd yn ein mêr:
ni ddaliodd eu rhwydi nhw ddim

un o'n breuddwydion, maen nhw'n rhydd
i hedeg yn uchel a hy
dros eira'r Sangre de Christo; un dydd
fe ddon nhw adre i glwydo
yn galed, yn gry.

Known as 'Indians of All Tribes', they rooted this action on the fact that the Treaty of Fort Laramie (1868) between the US and the Lakota Peoples, outlined that all such retired, abandoned or otherwise unutilized federal land should be returned to the Native people who once occupied it. The choice of Alcatraz is rife with symbolism, mirroring many Indian reservations, places with harsh living conditions, unsuitable for sustainable living and lack of economic possibilities.

from Cultural Survival, an Indigenous-led NGO and US registered non-profit that advocates for Indigenous Peoples' rights and supports Indigenous communities' self-determination, cultures and political resilience, since 1972.

CILGWRLI

When I came here first there were blacksmiths' anvils,
and then I became a young bird...
from 'Culhwch and Olwen'

That's Wales over there,
out of the marshes, an emblem from the water,

the ditch of the Dee a hiding place
for our different civilization,

its reeds and sea-sedge seething,
brine its perfumed wine.

Gulls, even ospreys
are possible

above its wetland pools,
while skeletons of ruined ships

surely yearn for another journey.
But remember, as now we can,

the ancient tale
of Culhwch and Olwen,

for somewhere tonight
a blackbird is singing again,
and there are echoes of anvils...

CILGWRLI

'...that's Wales over there...'

Y tu hwnt i'r gors mae Cymru
yn codi'n gadeiriol o'r dŵr
a Dyfrdwy yn y bwlch yn cuddio
yn westai hael a di-stŵr,
a'r brwyn a moresg yn perarogli
wrth hawlio'n ôl beth o win yr heli.

Mae'r gwylanod a gweilch yn esgyn
o'r pyllau'n y gwylptir maith,
a sgerbydau hen longau'n ysu
am ddilyn gweddill y daith,
a rhywle'n y lle mae mwyalchen heno
ar eingion y gof yn dal i guro.

DIN Y FRÂN — DUNRAVEN

Witch's Point, wild weather,
such is the wind across this peninsula,

and where there thrives
perhaps, a mythology of oak leaves,

but instead, salt's tang
in the eternal brine.

Surf sound when waves appear
then the sea's detonations in cavemouths,

and a foot print from another aeon
of someone who took a step into oblivion,

while in Bwlch y Gro
fossils more ancient than that oak.

Yet the beach pavement, lilies upon lilies
laid as limestone, is everlasting,

while Ivy climbs as it claims the walls
of aristocratic gardens.

Thus surely our history is both an hourglass, and
Its grains of sand...

DIN Y FRÂN — DUNRAVEN

Ar Drwyn y Wrach mae'r gwynt yn bwrw
ar garreg unig ar dywydd garw,
ac ym mytholrwydd ddail y dderwen
mae ôl yr heli, blas yr halen:

sŵn yr ewyn, lliw y tonnau,
eco'r ogof yn y creigiau,
a phafin calchfaen yn dal i daenu
petalau lili'r mor i'w malu:

yn y graig mae ôl traed rhywun
a fentrodd gam tu hwnt i'r dibyn,
ac ym Mwlch y Gro mae cragen
a'i chylchoedd hi yn hŷn na 'r dderwen:

mae eiddew'n hawlio' i muriau cerrig
lle gynt bu gerddi i gwŷr bonheddig,
nid yw ein hanes ni ond gronyn
o dywod a dry'n wydr wedyn.
Ionawr 2008

OUR FINAL SUPPER
for Nigel Jenkins

A hectic afternoon,
Friday in a Mumbles wine bar

while outside the traffic growing,
creeping like turtles towards the sea.

It was that part of the week when
a single kiss might announce sweet deliverance,

ties hang awry, shirts
are unbuttoned, and cars parked up.

Yet for a moment in the mirror
I saw everything.

Wine was waiting to be served
and bread broken,

with *bae Abertawe frutti di mare,*
those offerings from the quay

that had captured
the seafood faithful,

but the most wonderful thing
was the fact of this friendship

as gradually the reflections revealed
there was nothing more

than the two of us,
in the mirror glass behind the bar...

Y SWPER OLAF
i Nigel

Roedd y sgwrsio'n frwd
ar bnawn Gwener
mewn bar gwin y Mwmbwls;

y tu allan
roedd y traffig yn cynyddu,
yn crwbanu'n araf tua'r traeth;

yr adeg yna o'r wythnos,
pryd mae pob un gusan
yn pregethu rhyddhad,

a phob tei yn datod cwlwm,
botwm ucha' crys yn cael ei agor
a'r car wedi'i barcio:

yn ystod un eiliad llonydd
yn y drych tu ôl i'r bar
roedd yr olygfa'n gyfarwydd:

y gwin yn cael ei weini,
y bara'n cael ei dorri,
a bwyd môr bae Abertawe

yn rhwydo'r ffyddloniaid;
y peth rhyfedda'
wrth i'r olygfa 'bylu'n ara',

roedd nad oedd llygaid neb yn cwrdd
tu hwnt i'r bwrdd hir
yn y drych tu ôl i'r bar.

OVERNIGHT HOMES

Smoothed stones along the riverbanks
are ice-age debris
left by the glaciers

that shaped these valleys
century upon century ago,
lying with piecemeal shavings

from hammers and chisels...
And such scatterings evidence
of building by diligent ancestors,

as this cottage in a bend of the river,
firm foundations, stone stood upon stone
between one dusk and one dawn,

with firelight in the grate,
before any landlord
allowed to pull the whole place down.

Such was the right to claim a piece of land
and build a hearth, strength of the arm
revealing power of the dreamer:

as beside the roads into grey cities,
in the concrete groynes
of echoey offices,

behind bollards, under slip road bridges,
and across tarmacadam,
it's happening again tonight,

TAI UN NOS

Sbwriel oes yr iâ oedd y cerrig llyfnion
orweddai'n flêr hyd lannau'r afon:
sbarion a shafins cŷn a morthwyl y rhewlif
a siapiodd bob dyffryn ganrif wrth ganrif:

ac â'r sbwriel cododd ein cyndeidiau'n ddyfal
fwthyn clyd yn nhro'r afon, ar seiliau petryal;

gosod carreg ar garreg rhwng gwyll a gwawr,
a chynnau tân cyn i'r landlord dynnu'r cyfan i lawr;

hawlio darn o dir a'i godi'n aelwyd,
drwy nerth bôn braich troi llafur yn freuddwyd:

ar lannau traffyrdd y dinasoedd llwydion,
ac yng nghesail goncrid swyddfeydd gweigion,

dan bontydd ffyrdd osgoi, mewn meysydd parcio mae rhai
yn eu dyblau heno hefyd wrthi'n codi tai,

rhoi trefn ar sbwriel dan y sêr,
hawlio darn o dir â bocsys cardbord blêr

creating homes,
in an arrangement of rubbish
under the stars,

squatters' rights
becoming human rights
born out of a cardboard box.

OLD GUITAR
All things must pass

I'm missing the Friday feelgood,
with that castle at Cricieth through the mist
like some poxy Welsh hat, and only
death's breaking news to keep me company.

Old age means giving back
what we had on loan
or maybe that eternal skirmishing
between pressing on or jacking it in.

None of the seasons knows where
to turn. Butterflies are born
in the east wind's poison
bottle. Even winter's grounded.

What's life but small talk?
We all know what's waiting
              when the fingerpicking's done.
A last chord weeping,
a crowd of people already turned away.

HEN GITÂR

All things must pass

Hen ddydd Gwener rhyfedd
a chastell Cricieth yn y niwl
fel het hen wraig, a llanw
marwolaeth yn cadw cwmni:

tair ohonyn nhw'n deud ei fod yn dod fesul tri;
heneiddio ydi rhoi'r gitâr yn y to;
yr hen frwydr anorffenedig
rhwng bwrw 'mlaen a rhoi'r gorau:

mae hyd yn oed y tymhorau
wedi drysu; gloynnod byw
yn deor, a gwynt y dwyrain
wedi dewis peidio hedfan:

man siarad ydi'r cyfan =
dail llynedd, dwylo llonydd,
hen gitâr yn wylo
yn ddiymgeledd.

YOU CAN LAY THE BLAME ON MY LAME
IMAGINATION

You can lay the blame on my lame imagination
that finds your face in every face along the bar
whether I work at words or glimpse the ghosts that wait in
wine.

I've seen you sketched in hills and down the border,
and along the northern roads where every sign
can also blame my lame imagination

for the fiction that says everything is fine
whenever a group of us can get ourselves together
to work on words or glimpse the ghosts that wait in wine.

And in taverns moored up tight to the sea-margin
on a day soon to be famous for sunshine
you can lay the blame on my lame imagination

for provoking you with the usual paranoia
or goading till I've gone beyond the line,
whether I work at words or glimpse the ghosts that wait in
   wine:

But this morning, with the dew white from its censor,
and this afternoon in every city shrine
you can lay the blame on my lame imagination
for my work of words and the ghosts I glimpse in wine.

FE GEI DI FEIO FY NYCHYMYG BLIN

Fe gei di feio fy nychymyg blin,
sy'n gweld ym mhob un lle dy wyneb di,
ym merw'r gerdd ac yng nghwmpeini'r gwin,

amlinell bryniau pell wrth groesi'r ffin,
ym Mhenmaenpwl neu Dresaith, lle mae'r lli
hefyd yn beio fy nychmyg blin,

am ddilyn dagrau hesb y ddeilen grin
yn lle cwmnïaeth ddifyr dau neu dri
ym merw'r gerdd ac yng nghwmpeini'r gwin:

yn Nhraeth Coch, a Thalacharn a'r Marîn,
ar fore o Fai a'r brigau yn eu bri,
fe gai dy feio fy nychymyg blin

am roi if wres yr haf aeafol hin,
yn synhwyro dy ffarwel ym mhob un si
ym merw'r gerdd an yng nghwmpeini'r gwin:

ond yn fore ym Mere, a'r gwlith yn gwlychu glin,
ac ar brynhawn ym Mangor fe wn i
y gei di feio fy nychymyg blin
am ferw'r gerdd ac am gwmpeini'r gwin.

SWALLOWS

South, out of the mist
they reveal themselves,
these one, two, these three,

the bow of their swallowtails
hammered straight by sunlight,
their voice radar unearthly,

coming down the modem to us,
their flight patterns
outlining clouds in fine weather,

skirting the ground in rainstorms.
These are meteors that mind
when the sea's moody

and so skirt the margins of the beach,
where the midges are drinking,
or where maggots ferment

in the warmth and the wet.
Now here they come arrowing
themselves like acrobats.

But the only covenant that covers these
is direction's decision,
an unerring aim.

GWENOLIAID

Allan o'r tarth tua'r de
maen nhw'n ymddangos,
un, dwy, tair,

a bwa eu cynffonau'n
sythu wrth i'r heulwen eu taro:
gwe eu trydar yn acen dierth

ar wifrennu'r ffacs a'r ffôn,
a phatrymau eu hehediad
yn cymylau ar dywydd teg,

a glynu i'r tir pan mae'r glaw 'n torri:
gwibiadau sy'n gwybod
lle mae môr yn llamu

ac ymyrryd ag ymylon y traeth;
lle mae'r gwybed yn sychedig;
lle mae'r lleithder, lle mae'r gwres

yn magu cynrhon;
dyma nhw'n saethu,
yn syrthio'n ddeheuig,

yn benderfynol eu hannel,
diwyro'u dychweliad,
digyfamod eu taith.

SUNDAY MORNING IN NEW YORK

It's Easter here, but the churches
that seem to reach for God himself
hold as tightly to their monuments
of all the works of man.

From Staten Island
Manhattan's a safehouse, medieval in its mists,
a precipice of perspex
glittering through the censor's fug.

And if there are any strangers here
under the marble cornice
a priestess of freedom
will ask them to kneel in their innocence

before the glass storefronts
filled with ribboned eggs
as the shiny shopgirls
patrol in tiptoeing politeness.

But when dawn cracks open
its exchequers of light
there's only room for roustabout
out on the avenues

BORE SUL YN EFROG NEWYDD

Mae'n Basg yma,
a bysedd yr eglwysi sy'n estyn at Dduw ei hun
wedi 'u dal yng nghrafangau
cofgolofnau gorchest dyn.

O ynys Staten
mae Manhattan fel seintwar ganoloesol yn codi o'r tarth;
yn groesau lliw'r grisial,
yn real yn pefrio drwy fwg ar arogldarth:

ac yn ein gwadd yno,
yn ei marmor modrwyog, yn uchel ei fflam,
offereiriades rhyddid
yn ein croesawu'n ein gwendid i benlinio'n gam

gerbron ffenestri'r siopau,
a'r wyau rhunanog sy'n gorlenwi'r nyth;
a'r genod sy'n gweini
yn gwrtais a heini at eu sollau tal, syth.

wrth i'r wawr dorri'n ara'
dros gyfnewidfa fwya'r byd,
mae'r tywyllwch fel eira'n
cuddio cynnwrf y stryd;

with Broadway lox and bagels
and saxophone music and Samur wine
milling in the memory
when creeping home under the towers.

But at the Whitehorse tap
say a prayer for the damned in the downtown bars,
between Church and Murray,
beneath the uptown steeples and the Brooklyn stars.

lox a bagels a Broadway
a rhythm sacsaffon a gwin Saumur
yw atgo' dau hwyr yn cerdded adre
dan eu hetie-dal-dŵr,

o dafarn y Ceffyl Gwyn
a'u gweddïau yn rhywle gwell
rhwng Church a Murray,
rhwng goleuadau Brooklyn a'r pinaclau pell.

KAREN OWEN

GENERATIONS

We're both Welsh
with Britain filling our heads like teargas

and if the past pursues us
then feuding's our fate

but for all its distant damage
you and I are closer than we think.

If not the same we seem
similar, and there will always be that link

between the corporal with his bayonet
and the niece amongst the protesters.

We're both Welsh
with Britain filling our heads like teargas

and our ideals will be the weapons
of that unceasing state.

But now we're old enough
I understand why you seek sacrifice.

We're joined by the blood
that's shed in both our names.

Because we're both Welsh
with Britain filling our heads like teargas.

ACHAU

Os ydan ni'n dau'n perthyn,
ni fu perthynas chwaith;
dilewyd honno'n waedlyd
ers rhai rhyfeloedd maith.

Ond rydan ni'n dau'n debyg,
a bydd tebygrwydd mwy
rhwng Corporal y bidog
a nith y bomiau nwy.

Mi fuon ni'n dau'n Gymry
a Phrydain lond ein pen;
y ni oedd arfau'r deyrnas
o ladd ddaw byth i ben.

Ond nawr, a ni'n gyfoedion,
gwn oed dy aberth di
a gwn, am hynny 'r gwaedu
a wneir yn f'enw i.

GETHIN IN HIS CRIB

I see a single child, but tonight
he is not by himself.
Can you see his father's family traits
in the frown between his eyes?
Or is it his mother that you glimpse in his smile,
revealing her subtle secret?

Beneath the whole history of his brow,
his grandfathers are a row of noses;
he is a previous age of cousins,
and surely the heir of their good health;
in his red cheeks I see his sister,
and from somewhere beyond his brother emerges,
and the wordless mouth
belongs to his uncle too;
he is the nephew not yet able to speak
the language of his aunt,
yet he is spelling out our survival as a family.

So, here's to Gethin in his crib,
Splitting image of our ancestors,
yet although we give him all our traits,
tonight, he is himself, and no-one else.

GETHIN YN EI GRUD

Gwelaf fachgen, ond heno
nid un ei hun ydi o.
A weli di deulu'i dad
yn ei wg rhwng dau lygad?
Neu ai ei fam yw'r wên fach
yn how-rannu'i chyfrinach?

Dan aeliau neiniau'i hanes,
ei drwyn sy'n deidiau o res,
hen gefnder o oes fleriach
yw'r aer, mae'n gyfnither iach;
yn ei wrid mae chwaer, wedyn,
o'r tu hwnt, daw rhyw frawd hŷn,
a'r geg ddieiriau i gyd
ar wefus ewythr hefyd;
nai heb iaith ei fodryb yw,
a'r dweud sy'n barhad ydyw.

Ond, a Gethin 'run ffunud
â gwyr ei ach yn ei grud,
er rhoi o'i hil iddo'i ran,
heno mae'n ef ei hunan.

SONG OF THE SOLDIER

An urgent letter came from London one day,
proper first class, official they say,
telling him duty was better than being a free man.
                                        In Afghanistan.

So the son could be sure there wouldn't be bother
and to avoid her tears, he could write to the mother
as he convinced himself the UK had a plan
that answered his questions about Afghanistan.

He might have asked for protection, that was well understood,
and chosen his coffin, either cardboard or wood,
sworn on the bible or perhaps the Quran,
No difference to a soldier in Afghanistan.

Despite his steel boots and protective gear
they flew him to Helmand where the war had began
to discover after all death is no mirage
but a professional soldier's last camouflage.
In Afghanistan.

He was delivered home, with the rest of that clan,
far away from the world of the Taliban,
so pick an opium poppy or diazepam
it's all the same to a squaddie
in Afghanistan.

CÂN Y MILWR

Daeth gorchymyn dyrchafiad o Lundain un dydd,
mewn amlen â'r stamp mwya' swyddogol sydd,
a'r llith yn dweud 'Helmand' yn rhwyddach na rhydd:
i Affganistàn.

Rhag ofn y dôi dagrau, gallai ddweud wrth ei fam
na châi ei mab 'fenga un gofal o gam,
dim ond iddo lyncu y pwy, sut a'r pam
am Affganistàn.

Câi ofyn am helmed i warchod ei ben, câi
fynnu cysgodfan rhag bomiau o'r nen,
a châi ddewis ei arch – un o garbôrd neu bren –
o Affganistàn.

Yn ei sgidiau blaen haearn, yn wadnau o ddrud,
a'i fenig asbestos, yn fysedd i gyd,
fe'i lladdwyd. Mae'n gorwedd dan guddliw y byd
yn Affganistàn.

Tra'i cludir o adre', fel bwled trwy'r gwynt,
bydd llond dwy awyren yn teithio ynghŷnt
trwy waed awyr arall, ar Helmand o hynt:
i Affganistàn.

SOHO STILL HURTS

Memory mortifies,
but I must confess,
when young and reckless
I paid for piercings
in a Soho tattoo den.
I couldn't have cared less.

Everyone was surprised,
some might have condemned,
but today, between work and a show
on another expedition to the West End
I become aware that the shop,
'Metalmorphosis',

was closed:
no more wigs and needles
or the apparatus of art.
But this time nobody
could be bothered to protest.
And maybe that's what pierced my heart...

SOHO SY'N BRIFO O HYD

Yr oedd o'n brifo,
ond roedd yn rhaid cael dweud,
ym mlynyddoedd bling fy ieuenctid,
i mi gael tyllu fy nghorff
mewn tŷ tatŵ yn Soho.

Roedd pawb yn synnu,
eraill yn gwaredu,
a phawb yn rhyfeddu.

Eleni, rhwng gwaith a swper a sioe
ar benwythnos hir yn y West End,
fe fu'r ail-ddychwelyd yn ormod i mi;
y siop (a enwyd Metamorphosis)
wedi newid, wedi marw,
ac wedi mynd roedd nodwyddau a phinau,
wigiau a lledr y blynyddoedd a fu.

Ac roedd hynny'n brifo.

Ond doedd neb arall yn synnu,
neb yn gwaredu,
a dim ond fi'n rhyfeddu.

THE FIRST TRICK

With magical fingers that are all lies,
I set out my playing cards
in their ordered chaos on the table before you.

This is your choice: chose one, and one only,
of any worth, colour or suite,
from the fan of my upper hand;

and after your own sensetive finger
hovers over the patterned pack,
you decide your choice and select the one
which you will flip onto its back, and reveal to the world.

I pull from the hollow of your left ear
a piece of folded paper. I might ask you a thousand times
to open the white emptiness of the envelope
and read aloud the tiny writing
that speaks my prediction.

Before voicing, your eyes light up
in amazed disbelief, and I know that I was right
to choose you, the one who was sure
his was the upper hand.

And that is when I start dealing once again.

Y TRIC CYNTAF

Â bysedd hud, sy'n anwiredd i gyd,
gosodaf fy nghardiau aml-wynebog
yn eu hanrhefn trefnus ar y bwrdd o'th flaen;

cynigiaf i ti: dewis un, a dim ond un,
o unrhyw werth, lliw a llun,
o ehangder ffan fy llaw uchaf;

ac wedi i tithau hofran dy fys synhwyrus
dros y pecyn patrymog o undonog,
rwyt ti'n mentro penderfynu p'un yw'r un
y tefli ef ar ei gefn, a'i arddangos i'r byd;

tynnaf innau o ogof dy glust chwith
rhyw gerpyn o bapur wedi'i blygu'n fychan filgwaith;
gofynnaf i ti agor amlen y gwagedd gwyn
a darllen yn uchel
ysgrifen fach y rhagfynegi mawr.

Cyn geirio dy fuddugoliaeth,
mae dy lygaid yn cynnau'n llawn cred yn dy anghredinedd,
a gwn i mi ddewis yn gywir
un â'i ffydd ynddo'i hun i drechu'r llaw uchaf;

a dechreuaf ddelio drachefn.

THREE WORDS TOWARDS THE DEATH OF OUR LANGUAGE

I heard of a young man, traveling the world,
who had taken with him a Welsh dictionary.

Our language, and its alphabet, are unique.
but of this that man couldn't bear to speak.

He might mutter and mumble,
but every time he opened his mouth

death found an echo
in every sentence.

When someone asked about the book he carried,
the only answer he allowed
– ignoring all our wealth of words –
was the latest from his dialect of shrugs:

leaving our language
shrunken in its shroud.

TRI GAIR EIN TRANC

Mi glywais Gymro ifanc ar ei daith
ac yn ei sgrepan cariai hwn hen iaith,

ond er mor hynod oedd yr wyddor, wir,
ni allai'r Cymro, *really*, ei dweud yn glir;

roedd naws *whatever* i'w frawddegau mâl
a marw ym mhob sill o'i yngan sâl.

Pan ddôi cyd-deithiwr ato i ddweud y drefn
am gadw'n gaeth y trysor ar ei gefn,

o'r holl ganrifoedd geiriau ar ei go',
ni allai faglu dweud dim mwy na *so*.

WHEN WORDS ARE COLOURS

RED

Being in Y Felinheli
is red, and red also is being in Spain.
A book, a record, a chair, a chapel
are red.
Bacon's red, mackerel is red,
a nose, skin, a heart, a councillor
all are red. Alys, Rhys and Arwyn
in a circle, they make red

BLUE

To me a radio is blue,
as is my father. A dictionary
is blue, a license, a carpet, a poem.
All are blue.
Water, talc, a monster, a bay
are blue, but none of these make sense
without the blue of Caernarfon or blue Dwyran
or lapis lazuli in Italy

YELLOW

Summer is yellow,
as are Pen-y-groes and Sweden
and the artist Peter Prendergast,
an ironing board, a wink and a bottle,
rubble, a diary and a street,

PAN FO GEIRIAU'N LLIWIAU

COCH

Yn Y Felinheli
ac yn Sbaen
mae record a llyfr a chadair a chapel,
bacwn a macrell,
trwyn, croen, calon a chynghorydd,
Alys, Rhys ac Arwyn
yn un cylch,
yn goch

GLAS

Radio, dad a geiriadur
ydi glas i mi;
a thrwydded, carped a chynghanedd,
dŵr, talc ac anghenfil, a bae.
A disynnyr ydi hyn oll
oni bai am Gaernarfon, Dwyran a'r Eidal

MELYN

Melyn ydi haf,
Pen-y-groes a Sweden
a'r artist Peter Prendergast,
bwrdd smwddio, winc a photel,

a dog, a car and, very oddly,
orange is yellow too.
Also Nia, Rhian and Pwllheli

GREEN

The poems of Gwyn Thomas are green,
and green a mile, a horseshoe, a fly,
gymnastics, Bangor and Meinir are green,
a garage too is green,
a mother, yeast, the eisteddfod are green,
the new road to Trefor,
and green the grain of Wales

BLACK

Bethesda is always black,
as dark as a pair of scissors, and Germany,
a horse, a cross and a mountain,
a razor, a spider and sheep,
a bag and a mobile phone.
And woe, this world
is also black to me

rwbel, dyddiadur a stryd,
ci, car ac, yn rhyfeddach fyth,
melyn ydi oren!
Nia, Rhian a Phwllheli hefyd

GWYRDD

Cerddi Gwyn Thomas ydi gwyrdd,
fel milltir a phedol a phry',
gymnasteg, Bangor a Meinir,
garej, mam, burum ac eisteddfod,
a'r lôn newydd i Drefor,
a Chymru i gyd

DU

Mae Bethesda yno bob amser,
mor dywyll â siswrn, a'r Almaen,
ceffyl, croes a mynydd,
rasal, pry' cop a dafad,
bag a ffôn.
A gwae,
mae byd, hefyd, yn ddu i mi

WHITE

Outside heaven
angels are white.
Also white are Llangefni and Luxembourg.
Sinews too, are white; eggs and fish, are white.
Soap, university, the human eye all are white.
If there are more colours than words
memory is that moment a rainbow
disappears

GWYN

Nid nefoedd, ond mae angel yn wyn,
a Llangefni a Lwcsembwrg,
gewyn ac wy a physgodyn,
sebon, coleg a llygad.
Ond, os mai'r holl liwiau yn gymysg ydi gwyn,
oni ddylai fy ngeirfa gyfan doddi'n enfys yn fan hyn?

SIÂN NORTHEY

AS THE WORLD SHRINKS

When the diagnosis arrives
it's a kind of verdict
and at least we can have some idea
from the calendar
or in our hearts
how long is left.
Now we can observe and really see
the plant we place with love
on the windowsill
and murmur lullabies
of consolation
to the spider in the corner
before its web
is swept to oblivion
by the cleaning woman.

Pan ddaw y diagnosis
neu'r ddedfryd,
pan fo ganddom rhyw syniad
ar galendr
neu yn y galon
faint sydd ar ôl,
waeth heb a rhefru.
Edrychwn bob bore ar y planhigyn
mae'n cariad wedi'i osod
lle y gallwn ei weld
ar sil y ffenest,
a chanwn hwiangerddi
i gysuro'r pry copyn yn y gornel
cyn i'w we yntau
gael ei 'sgubo i ebargofiant
gan y ddynes llnau.

CONSIDERING SHOES

There is a secret
concerning shoelaces,
those skinny things that cross
right over left, over right, over left
then are pulled tight
enough to withstand every step,
our steps
to the bright fountain
inches above the brine's yeast,
or hand in hand
under twigs of darkness
to the unnamed tavern
that sells awful ale
and it's utterly mysterious
why at the day's end,
without fail, indisputably
one shoelace is always
shorter by a fraction
than the other.

ESGIDIAU

Mae yna ddirgelwch
ynglŷn â chareiau,
y pethau main sy'n croesi
de dros chwith, dros dde, dros chwith,
a dynnwyd yn dynn,
ac a ddaliodd eu gafael trwy'r holl gamau.
Ein camau at y ffynnon
groyw, fodfeddi uwchben
burum yr heli.
A'n camau,
law yn llaw dan frigau tywyllwch
i dafarn ddi-nod
a werthai gwrw gwael.
Mae'n ddirgelwch llwyr
pam fod un ochr, ddiwedd dydd,
bob tro, yn ddi-ffael, ddieithriad,
fymryn yn fyrrach
na'r ochr arall.

TO IWAN BALA

There a reason why
we place a painting in a frame,
imprisoning it in its own cell,
sometimes burnishing or leaving it plain,
inserting a window between it and the world,
securing it with hardboard and nails.
We have to do this
because art is dangerous
– such colours and shapes
or audacious design –
in case it frees itself and reappears
between plates on a wall
or books on a shelf
or amongst other paintings
or pushes itself away
from the home we're building for it:
an escapade
to change
the world.

I IWAN BALA

Mae 'na reswm pam 'da ni'n rhoi llun
mewn ffram,
ei gyfyngu rhwng pedair astell,
(weithiau wedi'u heuro, weithiau'n blaen),
rhoi darn o wydr rhwng y llun a ni,
hardbord a hoelion tu cefn iddo.
Rhaid gwneud hyn
am ei fod yn beth peryglus.
Gallai'r lliwiau a'r siapiau,
y llinellau beiddgar,
ddianc
ac ailymddangos
rhwng platiau,
rhwng llyfrau ar y silffoedd,
rhwng cyfnasau.
Gallant wthio rhwng y briciau
yn sylfeini'r tŷ.
Gallant ddianc
a newid y byd.

We always adopt the practice
of crossing Cae Ucha Nant
with the early dew,
risking the rocks and the ditches
and the gorsy inclines
above the bay.

And sit there, with the Manxies,
that secret bird of ours,
waiting for the go-ahead
to cross the Swnt.

Between reading e mails
about important things on the mainland,
I watch the water – that enormous
pan of blue grey toffee
stirred by an invisible wooden spoon
which has the children clamouring.

This is where the prayers
of twenty thousand saints
wafted across the Sound,
their words reaching me
from their digitised coracles.

Mae'n ddefod ganddom a ninnau'n gaethion
i groesi Cae Ucha Nant
trwy wlith y boreuau
at y creigiau a'r cloddiau a'r llechweddau eithin
uwchben y bae.
Eistedd yno ag Adar Drycin Manaw
yn gyfrinachau oddi tanom
ac aros i'r negeseuon
groesi'r Swnt.
Rhwng darllen e-byst am fanion bwysig-bethau y Tir Mawr
rwy'n gwylio'r dŵr
yn badell enfawr o gyflaith llwydlas,
llwy bren annweledig yn symud trwyddo
a phlant y duwiau'n swnian yn ddiamynedd.
Dyma'r dŵr a glywodd weddiau'r seintiau
a'u hwfftio.
Ac mae'n fy wfftio innau
a'r geiriau sy'n mentro ataf
yn eu cyryglau digidol.

;-)x

*There was no phone signal at home so I had to wait till morning
to open my messages…*

There's snow on the beach in Cricieth
and, in my handbag, a message on my phone,
unreachable between oranges and mintcake.

And there, amongst the marbles and toffees
is a tiny voice on the line
suggestive of a kiss that demands a response.

I feel your name through the weft
and wish again the taste of your smile
on that endless morning in Caer Dyni,

and for a moment
you are a toy, a doll, a train.
And there was snow on the beach just now.

;-)x

Nid oedd signal ffôn yn fy nhŷ, roedd rhaid aros tan y bore i agor
  fy negeseuon.

Mae yna eira ar y traeth yng Nghricieth,
a neges yn hosan fy ffôn
yn swatio rhwng oren a minciag.

Yno ymysg marblis a chyflath
yn lwmp bach o lais ar y lôn,
yn gusan sy'n gofyn am chwanag.

Dw i'n teimlo dy enw trwy'r gwead
a dyfalu pa flas fydd dy wên
ar y bore sy'n hir i Gaer Dyni.

Cromfach flas siocled, ac am eiliad
ti'n degan, yn ddoli, yn drên.
A gwelais eira ar dywod eleni.

TALEBOLION

There was fear in every hoofbeat,
sweat like spume on the sea meadow,
reekings of death that were mansmells,
men who singled out the stallions
in grief of blood and tears,
maddening the colts.

They were corralled, this year's foals,
by brutal choice,
denied the fief of freedom that was their due,
skidding through the dirt and dust
and making it mire.

Now without their flashing teeth
there is darkness and silence,
while this morning means
nets hold horsehair hide
and those that have remained
are compliant and
restrained.

TALEBOLION

Roedd ofn yng nghuriad eu carnau
ac ewyn eu chwys ar fy mhorfa,
aroglau lladd y lleill yn glynu wrth y dynion,
y dynion a holltodd yddfau'n meirch
yn eu dagrau.
A gwynt y gwaed
yn creu gwallgofrwydd yn y cywion.

Corlannwyd hwy, yn gatrawd gaeth,
ebolion blwydd,
wedi'u rhwygo o'u rhyddid i dalu dyled,
yn llithro
a'r llwch yn troi'n llaid.

Mae'r nos
a'r distawrwydd heb y dannedd gwyn,
a'r bore,
a dim ond rhwydi rhawn
yn glymau yn fy mrwyn,
yn edliw ffrwyno'r rhain.

THE SEA ORGAN AT ZADAR

A team of academics
with Powerpoint graphics
is expounding on the decline,
death and disappearance
of the world's minority languages.

For such a situation they offer rescue
and if rescue doesn't work
some magickal
potion to pickle
endangered words.

Then at the end of the day
after feasting on silvered fish
and drinking wine and beer
they walk north toward the organ,
simpering at the sounds it makes
when a particular wave washes over the pipes.

Indescribable?
Undiscoverable?
Such an arrangement of notes
has never been heard before
and will never be registered again.

YR ORGAN FÔR YN ZADAR

Criw o academwyr
a'u graffiau Powerpoint yn datgelu
dirywiad, tranc, diflaniad
ieithoedd bach y byd.
Gresynant, cynigiant achubiaeth,
ac os nad achubiaeth
riset rhyw hylif hud
i biclo'r geiriau.
Yna, ddiwedd dydd,
ar ôl gwledda ar bysgod arian
ac yfed gwin a chwrw,
cerddant dow-dow tua'r gogledd
at yr organ.
A gwirioni at y synau ddaw ohoni,
synau na chlywyd erioed o'r blaen,
ddim hyd nes i'r don arbennig hon
daro'r tyllau.
Trefniant o nodau na chlywir
fyth eto.
Ac na chofnodwyd gan neb na dim.

IESTYN TYNE

A GLANCE AT DEATH

I thought about your epitaph this May,
squinting in the sunshine
from this blue slate, your funeral suit,
but realized at the same moment
it's only your bones down there, anyway.

But its words were glistening,
like the foam at your heels, on that beach
where you walked the dog.
And sometimes I try and remember, but fail:
how many glaciers left?
Is there a last whale?

Yet prayer?
It's a helicopter rending the night
above the house in a whirlwind
of rotors and search lights,
that has become two clasped hands, each a pale talon
over a rib of rock.

Like this sudden realisation
that even if there is someone there
nobody is listening...

CIP AR FARWOLDEB

Fel hel englynion mewn mynwent ym Mai
Ac oedi rhwng trawiadau i godi'r haul
O'r lechen las a'i wisgo; yn yr un eiliad
Â'r sylweddoliad mai sgerbwd wyt tithau.
Fel ton yn torri'n ewynnog wrth dy sodlau
Ar draeth lle rwyt ti'n cerdded y ci Weithiau.
Rwyt ti'n ceisio, ac yn methu
Anghofio maint mynyddoedd iâ a morfilod.
Fel hofrennydd yn hollti'r nos uwch y tŷ
Â'i gorwynt o lafnau a golau gwyn,
A'r anwybod yn taflunio dwy law
Yn grafangau gwelw ar asen o graig.
Fel y teimlad sydyn wrth weddïo
Fod rhywun yno, ond neb yn gwrando.

DEFENCE

It's an indisputsable fact that climate change is quickening the disappearance of minority languages.

A boiling pot and forks and knives
are the western world imperatives.
But another wind will change our lives.

How fragile our low-lying coast,
by the tide's rapine we count the cost
and the world we've built forever lost.

We've lived the lie with huge success,
inhabiting the more, not less,
but the seaweed warned us nevertheless.

Our ocean cocktail's blood with salt
means every seasonal assault
is certain now and it's all our fault.

We soothe ourselves between two worlds,
between two oceans... as we should
yet the vital signs misunderstood...

Original written in mesur englyn milwr. *Influenced by the poet Gerallt Lloyd Owen.*

AMDDIFFYN

Mae'n ffaith gydnabyddedig fod newid hinsawdd yn cyfly-
mu diflaniad ieithoedd lleiafrifol.

Berwi'i bair a bwrw bol
wna'r llanw gorllewinol...
wedyn daw'r un dwyreiniol.

Ym mreuderau'r mordiroedd
mae brys lli rheibus lle roedd
gynnau fân gynefinoedd.

Ac o lwyddo i gelwydda
ymbellhawn am ambell ha'
rhag amenio'r gwymona.

Fesul ton *ac* fesul tŷ
y daw môr di-dymheru,
di-droi, i ailhawlio'i wely;

ninnau'n dofi rhwng deufyd
rhyfedd, rhwng deufor hefyd;
yn y gors yn suddo i gyd.

Mae'r gerdd uchod ar fesur yr englyn milwr, ac fe'i darlledwyd
gyntaf ar BBC Radio Cymru, Chwefror 2024. Mae 'Fesul ton
ac fesul tŷ' yn adleisio llinellau Gerallt Lloyd Owen:

Fesul tŷ, nid fesul ton Y daw'r môr dros dir Meirion, Môr o
wacter Cymreictod, Môr na bydd un Cymro'n bod.

DINAS DINLLE

As one they appear on memory's edge:
Fairbourne and Dinas Dinlle,
hollowed out where the land is unlivable,
and the air's saline drip sometimes unbearable.
Homes stand on sand,
with the sea returning often now
for its spoils, as lean ponies crop
what ration they can through the salt marsh.

Today, there's an aeroplane approaching,
circling above our heads,
trying to find a different angle before landing.

But when we leave the car,
all the day's possibilities reveal themselves,
as we take the steps to the beach and greet June's waves.

In Fairbourne,
the people have fled,
not literally but because
of the seaweedy inch that tidal rising means
beyond the sea wall that guards them.
Delayed too long by the mirror,
imagining shells stained, ingrained,
awful creatures swarming over the gardens
and the hall and the shop,
until such pitiful structures are lost to sight
under the marsh.

DINAS DINLLE

Maen nhw'n troi'n un lle rhwng glannau'r cof: Fairbourne a
Dinas Dinlle, gwasgfeydd tebyg o westai a hanner tai
ar ymyl amhosib y tir, lle mae'r heli weithiau'n
sleifio o'r tu ôl i'n dychryn; adeiladau a godwyd
ar dywod sy'n llifo oddi tanynt ac a ddychwelir
yn hwyr neu'n hwyrach i'r môr sy'n eu haeddu
a'r ceffylau tenau sy'n cael eu tamaid o'r corsydd hallt.

Heddiw, mae awyren yn agosáu, yn cylchu
uwch ein pennau, yn ceisio dod at bethau o ongl wahanol cyn
glanio, fel y down ninnau yma i geisio eglurder
a thrywydd newydd at bosibiliadau'n dydd, wrth inni
adael y car, croesi trothwy'r traeth a chyfarch tonnau
Mehefin.

Yn Fairbourne mae pobl ar ffo, nid yn yr ystyr gorfforol am y
tro ond rhag y gwir sy'n codi fesul modfedd wymonog
y tu draw i hynny o fur sy'n eu gwarchod, yn ffoi rhag
peryglon oedi'n rhy hir yn y drych a gweld creaduriaid yn
fflipera o'r dŵr, yn anferth a chaglog o gregyn môr,
rhag eu gweld yn dod i orwedd dros y gerddi a'r neuadd
a'r siop
nes i'w pwysau wasgu'r strwythurau pitw hynny o'r golwg
dan y gors.

Yet here, today, we arrange our things
beyond the high tide seaweed,
the sandwiches, the nappies
and the book I hope to study
but over and over the pages dazzle me.

Here, under my sunscreen
I squeeze pleasure from every ray,
and on this margin
between earth and extinction,
I try to create a seawall in my mind
to guard your joy at these wonders,
until your mother lifts you up
into the huge sky's quicksilver light.
Such glass you are.
Such gossamer.

Yma, heddiw, rydan ni'n gosod ein pethau lle mae clymau broc
yn tystio i benllanw'r lli; clytiau a brechdanau, a llyfr y byddaf
yn ceisio'n ofer i ddarllen
mwy na thudalen ohono, drosodd a throsodd, y papur
yn fy nallu. Yma, gwasgwn fwynhad o bob pelydr fel
trochion o gadach. Ac yma, ar y ffin rhwng daear a dinistr
rwy'n ceisio codi morglawdd yn fy mhen, i warchod dy
lawenydd, dy ryfeddu diddannedd wrth i dy fam dy godi uwch
ei phen
a thasgu'r arian byw i'r awyr fawr. Mae'n disgyn fel gwawn.
Mae'n disgyn fel gwydr.

ABERDARON

By now, there's nothing I might think about Aberdaron
that hasn't been better said.

The place attracts a plague of poets
and I'm merely a mayfly
amongst bigger insects.

I've nothing to add. But...
I'll chuck this on the fire...
when out walking I yearn
for some 'comfy place, a quiet corner,
not where I'm made mute
to my marrow. I mean
somewhere I might thrive.

only that it's here, as on many a journey,
that you'll see the peninsula narrowing and the deep
closing in on you from every side, where you know
there's some little nook ahead to lay down your pack,
to bow your head and take stock
before the crossing.

ABERDARON

Hwyrach nad oes dim i'w ddweud am Aberdaron sydd heb ei
ddweud yn well gan eraill, erbyn hyn; mae'r lle yn denu beirdd
fel pla, a gwybedyn bach wyf fi, ymhlith y pryfed mwy.

Does gen i fawr i'w ychwanegu at eu sŵn, dim ond fy mod i'n
brifo wedi'r cerdded, yn ysu am le clyd a chornel a rhywbeth
cynnes i'w dywallt trwy fy mêr; dim ond fy mod i'n fyw,

dim ond mai dyma'r lle, fel ar lawer taith, y gweli'r penrhyn
yn culhau a'r dwfn yn cau amdanat o bob tu, lle gwyddost fod
rhyw gilfach o dy flaen i ddiosg pac, plygu pen a chymryd stoc

cyn croesi.

Comisiwn Prosiect Llwybr Cadfan, 2023

A BEACH SOLILOQUY

As a response to Shipwreck and The Fisherman's Return by
Brenda Chamberlain, and after 'Galarnad Cwch Enlli'
(Lament for a Bardsey Island Boat)

Before we fished out these four salty ghosts,
and took them up the hill to get clean,
or do the best we could,
I had some hope (stupid, I know)
that they might briefly remember today,
themselves as survivors
slipping over cold rocks
with glazed expressions, but visualising
their own tattered bodies back there in the bay,
as they might glimpse themselves
from a distance and slowly realize
it was their red caps we saw first,
with the boat - hardly a mouthful of seawater
on the surface of a wave –
disappearing over our horizon,
but turning around and readying itself,
inviting those lads to leap from the water,
fishermen's sweaters stiff with salt,
and the fear fading from their faces;
and the boat then seemed well – set
and they threw their fish into its wake
and all appeared newly restored,
the craft carving the surf, the nets
hanging clean, the mast in order,

YMSON AR DRAETH

mewn ymateb i Shipwreck a The Fisherman's Return gan Brenda Chamberlain, ac ar ôl 'Galarnad Cwch Enlli'

Cyn inni'u codi nhw – y pedwar
ddaeth i'r lan yn hallt a gwyn
– a mynd â nhw'n un rhes i fyny'r allt
i'w hadnabod a'u glanhau, gorau medrwn,
dwi'n dal rhyw obaith (ffôl, mi wn) y byddan nhw'n
cofio am funud nad fel hyn oedd heddiw i fod
o gwbl, ac y byddan nhw – y talpiau cnawd – yn
llithro'n oer o'r graig, yn syllu drwyddan ni
ac yn taflu'u cyrff llarpiedig 'nôl i'r bae;
y cawn eu gwylio nhw'n pellhau, brath
pob sylweddoliad yn llacio'n araf
wrth i'r cyntaf o'r capiau coch
ddiflannu dros ein gorwel; ac yn y pellter,

hithau'r cwch, yn ail-lestreiddio
fesul tamaid ar wyneb ton
nes ei bod yn gyflawn, gywrain, yn gwahodd
yr hogiau i neidio'n wyllt o'r dŵr,
eu siwmperi tew yn sychu'n grimp
a'r braw yn toddi o'u hwynebau
wrth iddi godi'n braf ac
wrth iddyn nhw daflu'r pysgod yn eu holau
a'r rheiny'n ail-loywi, yn ail-fywiocáu
wrth daro'r ewyn, y rhwydi'n codi'n
lân ac yn ailblygu ar y pren;

but some hope (stupid, I know)
that they might share their provisions, rewrapped carefully,
and preparing to move
before turning the boat back
this early morning,
and throughout all of this
the children they love
oblivious.

Note: the original poem was commissioned by 'Celf ar y Cyd',
2024.

rhyw obaith (ffôl, mi wn) y poerant eu
brechdanau caws o'u cegau
yn barod at gynnau, cyn troi'r cwch
yn ôl tua'r bore bach a'r plant
sydd eto yn eu gwlâu, yn deall dim.

Comisiwn prosiect Celf ar y Cyd, 2024

SWIMMING LESSON

after 'The Swimmer', John Cheever

Here's me thrashing in the water and trying to position my
   feet and that earworm of a story comes back, and I think
   about this little town where you will grow up, where I
   once played hide and seek, matching enchained sounds
   with syllables like the waves in the waterways and the
   mud in the Menai. We might swim only this room's length
   to start with and leave with the rain and broken twigs
   from the overflow... a stream becoming little ditches like
   fingerprints following the narrowest thread of the Cadnant
   until it disappears under the houses, roaring like cars on
   the crossing, bubbling under pavements, leaping the old
   fountain at the top of Pool Street... not delaying much
   but racing ahead, under the crowing of the taps before
   meeting the quiet boatmen of the lake that gives the street
   its name, that rises every now and then to dampen cellars
   and other hidden hollows. Its urgency slows as its channels
   widen; the air saturated as it enters the harbour with the
   oars of evening, joining the waters, ancient yet abundantly
   alive as if arriving here from a dazzling room, almost
   retreating from the mouth of an estuary that announces a
   dark gulf of distant saints

GWERS NOFIO

ar ôl 'The Swimmer', John Cheever

Wrth i mi ddyrnu yn y dŵr a cheisio pwyntio 'nhraed, daw'r
stori yn ei hôl fel pigyn clust, ac rydw i'n dechrau meddwl am
y dref fach fudr hon a sut y byddai dyn, pe câi ryw chwiw o'r
fath, yn mynd o'i chwmpas hi: mydryddu'r dyfrffyrdd bach i
gyd yn gadwyn hir o'i draed hyd laid y Fenai. Câi nofio hyd y
stafell hon i gychwyn, gwasgu'i hun i'r gorlif

a gadael gyda'r glaw a'r dail a'r brigau mân; y landeri wedyn
a'r holl ffosydd bach sy'n britho cefnau dwylo lle fel hwn;
dilyn edefyn culaf Cadnant nes diflannu dan y tai, rhuo ceir y
drosffordd wrth ei war; byrlymu dan balmentydd, yna neidio
o hen ffownten pen Stryd Llyn; nid oedai ddim, fe ruthrai yn
ei flaen, dan glochdar yn y tapiau, cyn cyfarch cychwyr mud y
llyn sy'n rhoi i'r stryd ei henw; sy'n deffro'n awr ac yn y man
i lyfu

wrth selerydd a cheudodau eraill cudd. Arafai frys ei siwrnai
wrth deimlo'r sianelau'n lledu, synhwyro'r tarth yn siarp ar
wyneb harbwr a rhwyfau hwyr yn llafnio'r dŵr gerllaw... a
byddai yno'n hen, am iddo fyw mor helaeth, rhwng

gadael hyn o stafell lachar lân, a bod ar drothwy ymollwng o
geg rhyw Aber yn llawn seintiau i gulfor tywyll, draw

DREAM

I read or heard somewhere from someone
the story of old sailors who set out for the horizon
with their pockets full of pebbles
because sudden drowning was preferable to any long wait for
rescue. And I awoke one night in a cold sweat seeing strong
hands reaching out as I was sinking and a ship's prow in stately
fashion sailing toward my gravel bed.

BREUDDWYD

Dwi'n darllen neu'n clywed gan rywun yn rhywle
am hanes hen forwyr fyddai'n troi tua'r gorwel
â llond eu pocedi o gerrig, am fod boddi'n sydyn
yn gleniach ffawd na goroesi'n ddigon hir i wybod
na ddeuai neb i'w hachub. Dwi'n deffro un noson
yn chwys oer, yn gweld dwylo cryfion yn estyn amdanaf
wrth i mi suddo o'u gafael, fel talcen llong
yn tywallt yn osgeiddig tua'r gwely gro.

FROM FAR AWAY
Vigil for Raffah, Eisteddfod yr Urdd, 31 May 2024

The crusted mud leaves a film on our clothes
and we taste its dust in our throats.

For our one-week camp it was smiles all round
and the sun shone on our celebrations

but then the news from Raffah:
tents ablaze; children in smithereens

while we sat in mild Montgomeryshire
young, excitable, waiting to congratulate
a poet chosen for this chair.

And we raised our banners, made a stage,
but yes, we stood for a minute
as evening concealed us in its cloak and remembered
what the poet said,
after the first death there is no other

But the weakness of our words
and the subsequent silences
is still a kind of collaboration

yet sometimes, saying little
is never as bad as saying nothing at all…

O BELL

Gwylnos Rafah ar faes Eisteddfod yr Urdd, 31 Mai 2024

Crimpiodd y llaid a chodi fel llwch a setlo'n ein gyddfau a'n
dillad ni'n drwch
a'n gwersyll un-wythnos oedd wenau i gyd pan gododd yr haul
ar ein dathlu clyd.
Ond daeth newydd o Rafah; pebyll ar dân a phlant bach
diwyncb wedi'u dryllio'n fân
tra'n bod ninnau'n llawn asbri ieuenctid hardd ym mwynder
Sir Faldwyn yn cadeirio bardd.
Felly codwyd baneri a llwyfan dros dro, paentiwyd arwyddion
ac fe ddaethom, do
I sefyll am funud yng nghornel ein maes wrth i'r cyfnos ein
lapio'n ei glogyn llaes
gan ddweud, trwy fod yno, nad yw'r mwrdro hwn na'r un
mwrdro arall yn gyfiawn; a gwn
na lwyddodd ein canu rhag y golled drom arbed 'run bywyd
nac atal 'run bom,
ond er breuder ein geiriau a'u gostegu chwim y newidiem lai
fyth wrth beidio â dweud dim.

SOME DAY

We will go, you and I, out of the house and towards a light that fascinates, through the passage between the street corner and the church tower beyond, getting our breath back on the edge of the bay.

What's a bank but the closest horizon, *cariad*, that lifts, shifts and escapes our grasp. Some day, child, we'll prove we were here in the wet sand of that beach, carefully collecting its shells and pebbles and rope and plastic.

Water is earth's breath but there is sickness too that worsens. It is almost as if I should apologise for ourselves, yet I will try between now and that day to understand such fear and untie these knots of seaweed in my head that leave their warning in the waves.

RHYW DDYDD

... mi af â thi, gadael y tŷ a mynd am y sglein sy'n ein denu
trwy hollt rhwng cornel stryd a thŵr yr eglwys acw,
disgyn gydag anadlu'r graig at ymyl bae. Beth yw glan ond
gorwel agos, gariad bach? Ffin sy'n symud, yn denu ac yn
dianc o'n gafael. Rhyw ddydd, fy merch, mi awn ein hunain
i gofnodi'n bodolaeth yn nhywod llaith y traeth, i gasglu
cregyn a cherigos a rhaffau a phlastig a ffydd. Ei dŵr
yw anadlu'r ddaear; yma mae'r tagu hefyd ac mae'r salwch
yn dwysáu. Mi ddysgwn ni i gario'r sylwedd hwn,
i ymddiried yn y modd y gall ein cario ni, ein taflu ni;
a minnau, mi geisiaf rhwng heddiw a'r dydd hwnnw
hawlio'r ofn yn ôl, datod y clymau gwymon yn fy mhen
a'u dychwelyd i'r tonnau.

SIMULATION

I can't remember the date or the weather,
only there was someone in class not usually there.
And that seemed strange.

There was a picture in real time
that prophesised how our landscape
would look after tidal rising of a metre or more.

But for us, children of those places on the map,
our fears crept up slowly as the deluge
filled the valleys inch by inch;

and all at once
crabs were scuttling round, feasting
on carcasses piled up in the ditches,

and we were there too as part of the nightmare.
Our world was wax and our bedrooms under the waves,
sand in our sheets and fishes in our hair.

By one hundred metres, mountains of rubbish
covered the surface of the water
over the whole of the Llŷn peninsula

and the last things we saw before our world submerged
were Uwchmynydd and Y Rhiw like the heads of grey seals
or the molehills of Ynys Enlli far to the west.

SIMIWLEIDDIAD

Does gen i ddim cof o'r dyddiad, na'r tywydd, dim ond
fod rhywun yno'n y dosbarth nad oedd yno fel arfer,
ac y dangoswyd inni ryfeddod: darlun byw o'n blaenau
a broffwydolai siâp y dirwedd pe codai'r môr fetr, neu fwy.
I ni, blant y mannau ar y map, cripio'n araf wnâi'r ofn
wrth i'r dilyw lyncu'r gwastadeddau fesul tipyn bach.
Ac yna ar unwaith, yn un sweip, dyna grancod ar gerdded,
yn gwledda ar y carcasau a gronnai yn y cloddiau
a ninnau yno'n rhywle, yn rhan o'r hunllef,
yn ddelwau cwyr yn ein gwlâu dan y don,
y tywod yn y cynfasau a physgod bach yn plethu'n gwalltiau.
Erbyn y canfed metr, llanast o garneddau
uwch wyneb y dŵr oedd holl wlad Llŷn,
a'r cip olaf a gawsom cyn i'r cyfan ddiflannu
oedd Uwchmynydd a'r Rhiw fel pennau morloi llwyd
yn canlyn malurion Enlli am y gorllewin pell.

ACKNOWLEDGEMENTS

MENNA ELFYN

To the poet herself and to her publishers Bloodaxe for '*Catrin Glyndŵr*'; '*Wedi'r Glaw*'; '*Pibydd*', from *Tosturi* (Bloodaxe, 2022), also published in *Murmur* (Bloodaxe, 2012).
To Clutag Press for 'The Last Owl, 2013' from *Menhenet* (2023).

LLŶR GWYN

To the poet himself.
'Gwres' literally means heat or warmth. In Welsh myth, Gwres is the son of Rheged, and is mentioned in 'The Dream of Rhonabwy', in *The Mabinogi*. '*Cyfieithu*' has been published in *Holl Lawenydd Gwyllt* (Barddas, 2025).

IWAN LLWYD

To the poet himself and his publishers for:
'*Din y Frân*'; '*Caergwrlî*'; '*Y Swper Olaf*'; '*Fe gei di feio fy nychymyg blin*' from *Rhyw Deid yn Dod Miwn* (Gomer, 2008).
'*Gwenoliaid*'; '*Hen Gitâr*'; '*Alcatraz*'; '*Tai Un Nos*' from *Hanner Cant* (Gwasg Taf, 2007).
To *Planet: the Welsh Internationalist* and to *PN Review* for 'Swallows', 'You Can Lay the Blame on My Lame Imagination'; 'Sunday Morning in New York' and 'Old Guitar'.

KAREN OWEN

To the poet herself and for '*Pan fo Geiriau 'n Lliwiau*' taken from *Yn fy Lle* (Barddas, 2006).
'*Cân y Milwr*' is used in Advanced Welsh studies by the Welsh Joint Education Committee; 'Song of the Soldier' is an adaption of this poem.

SIÂN NORTHEY

To the poet herself and to *MODRON* 2 for '*Pan mae'r byd yn mynd yn fach*'.
';–)x', '*Esgidiau*' and '*Talebolion*', were published in *Trwy Ddyddiau Gwydr* (Gwasg Carreg Gwalch, 2013).
'*Bae Nant*' and '*Yr Ôrgan Fôr yn Zadnar*' were published in *Yn y Tŷ Hwn* (Gomer, 2011).

IESTYN TYNE

To the poet himself to Cyhoeddiadau'r Stamp for poems taken from *Dysgu Nofio* (2023).
To BBC Radio Cymru for '*Amddifyn*' and '*O Bell*'.
'*Aberdaron*' was commissioned by Prosiect Llwybr Cadfan, 2023 as a response to *Shipwreck and The Fisherman's Return* by Brenda Chamberlain, and after '*Galarnad Cwch Enlli*' (Lament for a Bardsey Island Boat).